KARL M. HERRLIGKOFFER

Kampf und Sieg am Nanga Parbat

Die Bezwingung der höchsten
Steilwand der Erde
illustriert durch zahlreiche
Dokumentaraufnahmen
in farbig und schwarzweiß

Deutscher Bücherbund
Stuttgart

Lizenzausgabe für die Mitglieder des Deutschen
Bücherbundes Stuttgart · Hamburg · München

© copyright 1971 by Spectrum Verlag Stuttgart ·
Alle Rechte vorbehalten.
Einband und Bildgestaltung: Werner Flumm
Typographische Form: Erich Jasorka
Gesetzt in der Fototronic-Concorde der
Harris-Intertype GmbH Berlin
Farbreproduktionen: Repro-Druck Schmiden
Gesamtherstellung:
Druckwerkstätte Erich Blaschker/Berlin
ISBN 3-7976-1080-7

Geleitwort

Nanga Parbat is one of the most treacherous and challenging of the Himalayan peaks. Its sheer faces are walls of ice and call for the most skilled mountaineering techniques, alongwith an indomitable spirit to conquer. In the past seventy-five years many brave people have been swept to their deaths in their quest for success. The Austro-German expedition organized by Dr. Herrligkoffer was the first to finally conquer the peak in 1953. Mr. Hermann Buhl was the sole member to reach the summit. Subsequently Dr. Herrligkoffer led several expeditions to Nanga Parbat.

Dr. Herrligkoffer's links and interest in Nanga Parbat go back to 1934 when his foster brother Willi Merkl led an unsuccessful German-US team to Nanga Parbat and perished some eight hundred metres from the summit. In this book he describes in fascinating detail the last expedition, in which four members of the party reached the summit, by climbing 4500 metre Rupal flank at one time recorded as unscaleable. For future generations of mountaineers this book will be an invaluable guide and inspiration. For Dr. Karl Herrligkoffer the book symbolises his close links with the great mountain that has, for so many years, dominated his life.

Dr. Herrligkoffer has brought to the mountain his great skill, tenacity and courage and the mountain has rewarded him by accepting his challenge and unfolding its manifold beauties and wonders – an association born out of personal tragedy, kindled by the spirit of adventure has been vindicated and rewarded by conquest and I am sure a deep spiritual satisfaction.

It is therefore a great pleasure for me to contribute a forward to this interesting and illuminating book.

J. G. Kharas
Ambassador of Pakistan

Geleitwort

Der Nanga Parbat ist einer der tückischsten und herausfordernsten Gipfel des Himalaya. Mauern aus Eis bilden seine steilen Wände, und ihre Besteigung erfordert höchstes bergsteigerisches Können, verbunden mit unbezähmbarem Eroberungswillen.

In den letzten 75 Jahren haben viele tapfere Menschen ihren Ehrgeiz mit dem Leben bezahlen müssen. Die Deutsch-Österreichische Expedition von 1953 unter Dr. Herrligkoffer war die erste, die den Berg eroberte. Hermann Buhl erreichte als einziger Teilnehmer den Gipfel. Anschließend leitete Dr. Herrligkoffer noch mehrere Nanga Parbat-Expeditionen.

Dr. Herrligkoffers Bindungen an den Nanga Parbat und sein Interesse für ihn gehen auf das Jahr 1934 zurück, wo sein Halbbruder Willi Merkl eine erfolglose Deutsch-Amerikanische Gruppe zum Nanga Parbat führte und dabei etwa 800 m vom Gipfel entfernt umkam. In diesem Buch beschreibt er mit faszinierender Genauigkeit seine letzte Expedition, bei der vier Mitglieder der Gruppe den Gipfel erreichten, indem sie in einem Zuge 4500 m Rupal-Flanke erstiegen, die für unbezwingbar galt.

Dieses Buch wird für künftige Bergsteiger-Generationen ein unschätzbarer Führer und eine Anregung sein. Für Dr. Herrligkoffer versinnbildlicht es seine engen Bindungen an den gewaltigen Berg, der so lange Jahre hindurch sein Leben beherrscht hat.

Dr. Herrligkoffer hat dem Berg mit großem Können, großer Zähigkeit und großem Mut die Stirn geboten, und der Berg hat ihn belohnt, indem er die Herausforderung annahm und ihm seine mannigfaltigen Schönheiten und Wunder enthüllte.

Dieses Bündnis, geboren aus persönlichem Leid, angefacht durch Abenteuerlust, wurde durch die Eroberung des Gipfels und – dessen bin ich sicher – durch tiefe geistige Befriedigung gerechtfertigt und belohnt.

Deshalb ist es mir eine große Freude, diesem interessanten und anschaulichen Buch das Geleit geben zu können.

J. G. Kharas
Botschafter von Pakistan

Vorwort

Der Nanga Parbat war erneut bezwungen. Ende Juni 1970 standen zum dritten Male bayerische und Tiroler Bergsteiger auf dem Gipfel dieses eisgepanzerten Himalaya-Riesen.

Unvergeßlich bleibt seine gigantische Größe, die Wucht seiner Flanken, die bizarre Schönheit seiner Grate und Gipfel für alle, die je um ihn gekämpft haben – unvergeßlich aber auch die Erinnerungen an Stürme in Eis und Schnee, an Gletscherhitze, an Tage des Ausharrens im engen Zelt und an das Leben in großer Höhe mit ihrem lebensfeindlichen Klima.

Seit rund 75 Jahren war der Nanga Parbat immer wieder das Ziel europäischer Alpinisten; alle rangen zäh und hartnäckig um den Erfolg und ermöglichten einigen Auserwählten den Weg zum Gipfel. 33 Bergsteiger und Hochträger fanden im ewigen Eis ihre letzte Ruhestätte. Die Geschichte des Nanga Parbat ist hart – er ist einer der grausamsten unter den höchsten Bergen der Welt.

Im Sommer 1970 bezwang die »Sigi Löw-Gedächtnis-Expedition« den 8125 m hohen Berg erstmals über die Rupal-Flanke – die höchste Steilwand der Erde. Am 27. Juni reichten sich die Gebrüder Messner auf dem Gipfel die Hand – am folgenden Tag Felix Kuen und Peter Scholz.

Die harte Arbeit der Pioniere und Bezwinger an den anderen Flanken des »Königs der Berge«, die Vorstöße an der Rupal-Flanke und alle hieraus gesammelten Erfahrungen ermöglichten diesen großartigen Erfolg. Deshalb haben wir der Schilderung der Geschehnisse an der Rupal-Flanke einen kurzen geschichtlichen Überblick vorangestellt.

Dieses Buch ist der *authentische Expeditionsbericht des Deutschen Instituts für Auslandsforschung*. Zahlreiche Expeditionsteilnehmer haben sich an der Auswertung der Ergebnisse beteiligt und schildern die tatsächlichen Begebenheiten so, wie sie sich vor ihren Augen abgespielt haben. So haben sich alle bemüht, durch die Präzision der Darstellung, die jeder Legendenbildung entgegenwirkt, das objektive Bild der atemberaubenden Ereignisse zu vermitteln und ein Buch geschaffen, das dem Sieg die Leuchtkraft, der Tragik die Würde bewahren und dem Leser die leidhafte Wirklichkeit dieser Fahrt zum Nanga Parbat nahebringen soll.

München, den 13. Juni 1971

Einleitung

»Wenn der Entdecker den Sieg errungen hat, jubeln ihm bei seiner Heimkehr alle zu, stolz auf die vollbrachte Tat, für unser Volk – für die ganze Menschheit! Es ist uns, als hätten wir eine neue Feder auf unserem Hut und als hätten wir sie billig erworben.«

Wie viele von denen, die heute mitjubeln, sind wohl damals dabeigewesen, als es das Unternehmen auszurüsten galt, als es am Allernotwendigsten fehlte, als Zusammenschluß und Unterstützung am dringendsten waren? Sind die Leute da Sturm gelaufen, um zuerst anzukommen? O nein, da stand der Leiter der Forschungsreise meist allein, allzuoft mußte er erfahren, daß die größten Schwierigkeiten überwunden werden müssen, ehe das Schiff den Anker lichtet. Wie es einst Kolumbus erging, so erging es seitdem unzähligen anderen.

Und so ist es auch Roald Amundsen ergangen. Was hat dieser Mann an Sorgen und Schwierigkeiten durchgemacht, die ihm hätten erspart werden können, wenn bei denen, in deren Hand es lag, sie ihm zu erleichtern, das Verständnis größer gewesen wäre! Und Amundsen hatte doch schon bewiesen, daß er aus dem richtigen Holz geschnitzt ist. Immer hat er das Ziel erreicht, das er sich gesteckt hatte. Er setzte sein Leben und seine Fähigkeiten ein, was wäre natürlicher gewesen, als daß wir es uns zur Ehre gerechnet hätten, einen solchen Mann zu unterstützen?

Aber was hat er erleben müssen?

Lange plagte er sich, nur um die Ausrüstung aufzubringen, immer waren die Geldmittel knapp, und gering war und blieb das Interesse für ihn und sein Unternehmen bei allen – die wenigen ausgenommen, die ihm von jeher nach besten Kräften geholfen hatten. Er selbst opferte alles, was er auf dieser Welt besaß. Mit Sorgen und Schulden beladen mußte er seine Heimat verlassen, und ebenso wie schon einmal zog er in einer Sommernacht in aller Stille in die weite Ferne.

Um sich das Geld zu verschaffen, das er daheim zu einer Nordpolfahrt nicht hatte bekommen können, wollte er nun zuerst nach dem Südpol! Die Leute waren starr – sie wußten nicht, was sie sagen sollten. Nach dem Nordpol über den Südpol reisen! Dem Plan etwas so Großes und Neues hinzuzufügen, ohne erst um Erlaubnis zu fragen – das war unerhört! Einige fanden es großartig. Anderen kam die Sache zweifelhaft vor, viele schrieen, es sei ungehörig, pflichtvergessen – ja verschiedene wollten sogar, er solle zurückgehalten werden. Aber keine von diesen Äußerungen erreichte ihn. Er hatte seinen Kurs eingeschlagen, er selbst hatte ihn bestimmt, ohne einen Blick zurückzuwerfen.

Mit diesen Worten, die Fritjof Nansen, der große Polarforscher, dem Erlebnisbericht über die Eroberung des Südpols von Roald Amundsen vorangestellt hat, umreißt er die ganze Problematik um eine Expedition, die nicht vom Staate geplant, finanziert und durchgeführt wurde – somit sich lediglich auf die private Initiative eines Einzelnen und seiner Freunde stützen konnte. –

Gewaltige Anstrengungen des Expeditionsleiters und seiner Freunde, um die erforderlichen Gelder aufzubringen, und die Bereitschaft zu persönlichen finanziellen Opfern, sind für fast alle Expeditionen unerläßlich. Ernest Jackleton sagte einst: »Die Hauptschwierigkeit, welche sich dem Forscher bei der Ausarbeitung seines Programmes in den Weg legt, ist die finanzielle Frage.« Dabei wußte Roald Amundsen von ihm zu berichten: »Sobald sein Name genannt wird, sehen wir einen Mann vor uns, dem unbeugsame Willenskraft und ein unbegrenzter Mut aus den Augen leuchten. Er hat uns gezeigt, was der Wille und die Tatkraft eines einzigen Mannes auszurichten vermögen.« –

Nach der Katastrophe am Nanga Parbat im Jahre 1937 erwachte in mir der Wunsch, einmal an einer Expedition teilnehmen zu dürfen und ich trat in die Himalaya-Gesellschaft ein. Anläßlich einer Gedenkfeier der Himalaya-Stiftung für den in den dreißiger Jahren am Kangchendzönga abgestürzten Schaller – es war dies im Jahre 1951 – bewarb ich mich um die Teilnahme als Arzt an der nächsten Nanga Parbat-Expedition. Aber man wich mir aus, und so reifte in den darauffolgenden Tagen und Wochen in mir der Entschluß, selbst eine Expedition auf die Beine zu stellen. Ich war mir darüber im klaren, daß gerade die Stiftung mir dabei keine Hilfe leisten würde. Auf Grund der Erfahrungen, die Rudl Peters bei seinen Vorbereitungsarbeiten für eine erste deutsche Nachkriegsexpedition zum Makalu machen mußte – bekanntlich kam diese Expedition trotz Hilfe des Deutschen und Österreichischen Alpenvereins über die Vorplanung nie hinaus – gründete ich zunächst ein Expeditions-Kuratorium. Dieses Gremium aus Persönlichkeiten des öffentlichen Lebens sollte ein Schutzwall werden gegen ungerechtfertigte Angriffe. Als ich schließlich noch unseren damaligen Münchner Oberbürgermeister Wimmer für das Protektorat der Expedition gewinnen konnte, hatte ich einen Mann auf meiner Seite, der im Laufe der kommenden Monate alle Quertreibereien geschickt abzuwehren wußte.

Expeditionsteilnehmer sind keine Helden, wenngleich die Geschichte mancher Unternehmungen zum heldischen Epos geworden ist – und ich denke hier an die Expedition von Scott und seiner Mannschaft am Südpol, aber auch an Toni Kinshofer und sein aufopferndes Verhalten im Juli 1962 in der Bazhin-Mulde. Damit möchte ich sagen, daß, im Gegensatz zum Kriegsdienst, der Einsatz – und mag er manchmal den Teilnehmern auch viel abverlangen – immerhin freiwillig ist und daher ein ideelles oder ein ethisches Moment dahintersteht, von der psychischen Einstellung zum Wagnis ganz zu schweigen. –

Das länger andauernde Zusammensein bestimmter Menschengruppen führt überall allmählich zur Bildung von Reibungsflächen, die das sogenannte Böse im Menschen entzünden. In seiner Naturgeschichte der Aggression definiert dies Professor Lorenz so: »Der sogenannte Expeditionskoller befällt bevorzugt kleine Gruppen von Männern, wenn diese in gewissen Situationen ganz aufeinander angewiesen und damit verhindert sind, sich mit fremden, nicht zum Freundeskreis gehörenden Personen auseinanderzusetzen. Der Stau der Aggression wird umso gefährlicher, je besser die Mitglieder der betreffenden Gruppe einander kennen, verstehen und lieben. In solcher Lage unterliegen alle Reize, die Aggression und innerartliches Kampfverhalten auslösen, einer extremen Erniedrigung ihrer Schwellenwerte. Subjektiv drückt sich dies darin aus, daß man auch kleine Ausdrucksbewegungen seiner besten Freunde, darauf, wie sich einer räuspert oder schneuzt, mit Reaktionen anspricht, die adäquat wären, wenn einem ein besoffener Rohling eine Ohrfeige hineingehauen hätte. Einsicht in die physiologische Gesetzmäßigkeit dieses begreiflicherweise äußerst quälenden Phänomens verhindert zwar den Freundesmord, verhilft aber keinesfalls zur Linderung der Qual. Der Ausweg, den der Einsichtige schließlich findet, besteht darin, daß er still aus dem Expeditionszelt schleicht und einen nicht teuren, aber mit möglichst sinnfälligem Krach in Stücke springenden Gegenstand zuschanden haut. Das hilft ein wenig und heißt in der Sprache der Verhaltensphysiologie eine umorientierte oder neuorientierte Bewegung. Dieser Ausweg wird in der Natur sehr häufig beschritten, um schädliche Auswirkungen der Aggression zu verhindern.«

Soweit Konrad Lorenz zu den von Laien oftmals überbewerteten Spannungen, die sich während einer Expedition einstellen können. Sie unterscheiden sich aber grundsätzlich von jenen manipulierten Streitigkeiten, die nach Beendigung einer Expedition manchmal angezettelt werden, meist, um sich finanzielle Vorteile zu verschaffen oder um zum Mittelpunkt der Diskussionen zu werden. – Dagegen sind ausgeglichener Ehrgeiz und Auftrieb wichtige Elemente, auch für einen erfolgreichen Bergsteiger. Diese Eigenschaften lassen sich fördern und steuern, aber sie lassen sich nicht erschaffen. Bei allen meinen Unternehmungen gab es Beispiele spontan aufleuchtenden, mutigen Auftriebs. Noch heute muß ich an eine Situation am Broad Peak denken, als Günter Hauser in Lager 3 auf 6300 m Höhe in barbarischer Kälte, von fast 40 Grad unter Null, und bei wütendem Höhensturm den tiefernsten Vorschlag für einen Gipfelvorstoß machte. Daß meine Entscheidung gegen ihn war, brachte uns vielleicht um den Enderfolg – Günter Hauser aber hielt sie am Leben – so meine ich wenigstens.

Wie der Vergleich zwischen Himalaya-Expeditionen und Polar-Expeditionen zeigt, ist hinsichtlich der Aggressionslust der Teilnehmer wohl kein Unterschied. Somit ist es also auch nicht die Höhenluft, die die Reizbarkeit steigert, – sondern einfach das lange Zusammenleben auf begrenztem Raum. – Bei all meinen Expeditionen war während der Arbeit am Berg niemals ernstzunehmender Streit ausgebrochen. Es bleibt zu hoffen, daß Expeditionen auch weiterhin nicht in Begleitung eines Psychotherapeuten reisen müssen.

IN MEMORIAM

TONI KINSHOFER SIGI LÖW JÖRG LEHNE

Toni Kinshofer und Sigi Löw waren Mitglieder der Deutschen Diamir-Expedition 1961. Während dieses Unternehmens erreichten sie zusammen mit Jörg Lehne eine Höhe von 7100 m. Damit waren die bergsteigerischen Hauptprobleme an der Diamir-Flanke gelöst. Aber erst ein Jahr später standen Kinshofer und Löw zusammen mit Anderl Mannhardt am Gipfel des Nanga Parbat – es war die zweite Besteigung, die erste über seinen Westabsturz.

Beim Anstieg vom Gipfel, am 23. Juni 1962, nachmittags 1 Uhr 30, stürzte Sigi Löw, der total erschöpft war, in der Bazhin-Mulde 400 Meter ab. Wenige Stunden später starb er in den Armen seines Kameraden Toni Kinshofer, ohne vorher wieder das Bewußtsein erlangt zu haben. –

Toni Kinshofer war 1963 noch einmal am Nanga Parbat, um zusammen mit Herrligkoffer die Rupal-Flanke zu erkunden.

Ein Jahr später, nach der Feier des 10jährigen Jubiläums des »Deutschen Instituts für Auslandsforschung« im Deutschen Museum in München, fuhr er mit Kameraden in den Schwarzwald, um dort zu klettern. – Die großen Fahrten, die 1. Winterbesteigung der Eiger-Nordwand und die Erstbesteigung des Nanga Parbat über die Diamir-Flanke hatte er gemeistert – die Kletterfelsen am Battert wurden ihm zum Verhängnis!

In der Nacht vom 24. zum 25. Juli 1969 ging am Walkerpfeiler an den Grandes Jorasses eine Steinlawine nieder und traf dabei Jörg Lehne so schwer, daß er noch im Biwak seinen Verletzungen erlag.

I Die Rakiot-Seite des Nanga Parbat

Diamir oder Nanga Parbat heißt jener gewaltige Gebirgsstock, der als westlicher Eckpfeiler des Himalaya-Gebirges 7000 m über dem Tal des Indusflusses aufragt. Mit seinen 8125 m ist er der neunthöchste Berg der Erde. Mehr als 2000 km trennen ihn vom Mount Everest, der höchsten Erhebung unseres Planeten. Als einer der »Throne der Götter«, von den Einheimischen scheu bewundert und gemieden, wurde der Nanga Parbat den Europäern recht spät bekannt. Im Jahre 1856, knapp hundert Jahre vor der Bezwingung seines Gipfels, stieß der Münchener Asienforscher Adolf Schlagintweit als erster Reisender bis an den Fuß des Nanga Parbat vor und zog dann nordwärts weiter nach Kaschgar, wo ihn im August 1857 der fremdenfeindliche Wali Khan enthaupten ließ, weil er in dem harmlosen Forscher einen europäischen Spion vermutete.

39 Jahre später erfolgte der erste bergsteigerische Angriff auf den Nanga Parbat. A. F. Mummery hatte zusammen mit Freunden den Plan, den Bergriesen aus dem südlich gelegenen Rupal-Tal anzugehen. Doch beim Anblick dieser ungeheuer steilen Wandflucht, die vom Hauptgipfel als höchster Wandabbruch der Erde 4500 m zu Tal stürzt, gaben sie umgehend diesen Plan auf. Die Engländer stiegen daraufhin über den Mazeno-Paß zur Westflanke des Massivs, um dort einen Aufstieg über den Diamir-Gletscher zu erkunden. Hier versuchte Mummery zusammen mit zwei Gurkha-Leuten einen Aufstieg über die Diamir-Flanke. Verführt durch die Maßstäbe seiner Westalpen-Erfahrungen wähnte er, diese auch bei dem fast doppelt so hohen Himalaya-Riesen verwerten zu können und hoffte, mit einem einzigen Träger binnen weniger Tage den Hauptgipfel zu erreichen. Er überschritt die Höhe von 6100 m, dann wurde er zur Umkehr gezwungen. Der Felssporn, an dem er hochgestiegen war, wurde nach ihm benannt. – 75 Jahre später, Ende Juni 1970, rückte die Pionierleistung dieses Engländers dann wieder in das Licht des Interesses.

Der erste deutsche Versuch

Nach 35 Jahren griff Dr. Willo Welzenbach Mummery's Plan wieder auf und faßte 1930 die Ersteigung des Nanga Parbat ins Auge. Äußere Umstände hinderten Welzenbach, seine Absicht durchzuführen, was ihn veranlaßte, die Vorbereitungen für eine Expedition zum Nanga Parbat in die Hände seines Freundes Willy Merkl zu legen.

Willy Merkl kam 1932 als Führer der Deutsch-Amerikanischen Himalaya-Expedition erstmals in den Himalaya und wurde von Peter Aschenbrenner, Fritz Bechtold, Dr. Hugo Hamberger, Rand Herron, Herbert Kunigk, Felix Simon, Fritz Wissner und Miß Knowlton begleitet. Am 30. Juni erst begann der Angriff auf den Berg. Man hatte sich von Norden her dem Berg genähert, Merkl hatte den Aufstieg über den Rakiot-Gletscher zum Ostgrat geplant. Auf dem Hochfirn des Rakiot-Gletschers wurde in rund 6200 m Höhe das Lager 4 errichtet. Diesem Lager kam als Akklimatisationslager die größte Bedeutung zu. Von hier aus führte die »Mulde« oder die Rakiot-Eiswand zum Ostgrat empor. Die Expedition von 1932 nahm ihren Weg durch die »Mulde« und erreichte am 29. Juli das erste Mal den Ostgrat. Willy Merkl berichtet darüber folgendes: »Wir versuchen zu dritt über den oberen Teil der Mulde vorzudringen, ohne Rucksäcke, nur mit einer Schneeschaufel bewaffnet. Der Aufstieg im spurenlosen Gelände ist ungeheuer mühsam. Bauchtief waten wir im Schnee. Die dünne Luft macht sich empfindlich spürbar. Im Schneckentempo gewinnen wir an Höhe. Ein Schritt, fünf tiefe Atemzüge, der nächste Fuß, so kommen wir mit größter Anstrengung höher. Noch eine Seillänge und wir stehen am Ostgrat! – Die Freude dieses Augenblicks läßt sich nicht beschreiben. Was wir seit langem gewünscht und erträumt haben, ist nun Erfüllung geworden. Glückstrunken stehen wir droben auf der lichtumflossenen Warte. Zum ersten Mal zeigt sich der Hauptgipfel des Nanga Parbat, fast lotrecht stürzen die Flanken des Bazhinkessels ins Rupaltal ab.

Wir steigen nach Lager 6 ab, um am nächsten Tag die notwendigen Ausrüstungsgegenstände auf den Grat zu bringen. Unsere beiden Hochträger fallen aus, und so bleibt uns nichts anderes übrig, als selbst zuzupacken und den Lastentransport, der ursprünglich für vier bestimmt war, zu zweit zu meistern. Schwer beladen steigen Bechtold und ich zum Grat auf, wo Lager 7 errichtet werden soll. Grausam drücken die Lasten. Keuchend arbeiten unsere Lungen, unendlich langsam geht es vorwärts. Erst um 7 Uhr abends kommen wir auf den Grat. Es ist bitterkalt, wir haben keine Zeit mehr, lange nach einem Lagerplatz zu suchen. Kurzerhand schlagen wir unser kleines Sturmzelt auf einer schmalen Brücke in einer Spalte auf. Morgen wollen wir den sanftgeneigten Grat zum Silbersattel angehen. Nur fünf bis sechs schöne Tage noch und der Sieg kann unser sein! Nichts anderes können wir mehr denken, mit dieser alles beherrschenden Hoffnung fallen wir, ohne zu essen, hier in 7000 m Höhe in einen tiefen, bleischweren Schlaf.

Am nächsten Morgen brauen dichte Nebelschwaden um den Berg. Trotzdem versuchen wir vorzudringen. Umsonst! Schneefall setzt ein und treibt uns zurück. Wir kauern in der Spalte und warten, doch es hört nicht auf zu schneien. Es bleibt uns nichts übrig, als den Abstieg nach Lager 6 anzutreten. Undurchdringlicher Nebel zwingt uns zweimal zur Umkehr, bis wir endlich beim dritten Versuch den Weg durch die Mulde finden. Die Spuren des Vortages sind verweht. Bis zu den Hüften müssen wir durch den Schnee stapfen. Um keine Lawine loszutreten, steigen wir senkrecht ab. Einmal, als wir keine andere Wahl mehr haben, müssen wir einen Bergschrund in sehr heikler Ausgesetztheit überwinden. Todmüde erreichen wir Lager 6.

Der unverminderte Schneefall am 1. August läßt uns den schweren Entschluß fassen, von Lager 6 abzusteigen, um die in mühsamer Arbeit heraufgeschafften Lebensmittel der Hochlager zu schonen. Überaus schwierig, zeitraubend und verantwortungsvoll ist der Rückweg mit einem bergkranken Kuli. Der Mann kann sich nicht mehr aufrecht halten, alle Augenblicke stürzt er ins Seil, bleibt liegen und schleckt dann wie idiotisch den Schnee. Über die steile Eiswand der Mulde bringen wir ihn nur mit Aufbietung unserer ganzen Kräfte und Nerven hinab. In Lager 5 treffen wir Captain Frier, unseren zuverlässigen Helfer, mit 4 Kulis. Anhaltend schlechtes Wetter treibt uns weiter zurück auf Lager 4. Der Berg hat sich mit seiner stärksten Waffe, dem Schneesturm, unser erwehrt. Der Schnee und das ständige Trägerelend sind uns zur Katastrophe geworden. Der erste große Angriff auf den Nanga Parbat ist gescheitert.«

Im Laufe der kommenden beiden Wochen wird es Willy Merkl klar, daß unter den gegebenen Umständen an einen erfolgreichen Gipfelvorstoß nicht mehr zu denken ist. Die Lager 5, 6 und 7 können nicht mehr erreicht und später auch nicht mehr geräumt werden. Aber Willy Merkl bringt die Erkenntnis mit in die Heimat, daß der Nanga Parbat ersteigbar ist, und zwar auf dem von ihm erkundeten Weg.

Willy Merkl wagt es ein zweites Mal

Zwei Jahre später will Willy Merkl sein begonnenes Werk vollenden. Dank der Opferfreudigkeit der Reichsbahn-, Turn- und Sportvereine, sowie der unermüdlichen Unterstützung durch ihren damaligen Präsidenten, Heinz Baumeister, kann im Frühjahr 1934 eine 12köpfige Expedition nach Indien ausreisen. Die Deutsche Himalaya-Expedition 1934 steht wieder unter der Leitung von Willy Merkl. Die Teilnehmer sind: Peter Aschenbrenner, Fritz Bechtold, Dr. Willi Bernard, Alfred Drexel, Peter Müllritter, Erwin Schneider, Willo Welzenbach, Uli Wieland und Hans Hieronimus, als Hauptlagerverwalter für den erkrankten Heinz Baumeister. – Hinzu kommt die Wissenschaftlergruppe mit dem Kartographen Prof. Dr. Richard Finsterwalder, dem Geographen Dr. Walter Raechl und dem Geologen Dr. Peter Misch. Ende Mai ist das Ausgangslager für den eigentlichen Gipfelsturm in 6200 m Höhe erreicht. Da erkrankt Alfred Drexel schwer an einer Lungenentzündung, der er kurze Zeit darauf in Lager 2 erliegt. In feierlichem Begräbnis findet er seine letzte Ruhestätte auf der kleinen Moräne oberhalb des Hauptlagers.

Nach einer Schlechtwetterperiode beginnt der zweite Angriff. Man dringt erneut zum Lager 4 vor, um es zum festen Stützpunkt auszubauen. Merkl drängt vorwärts. Lager 5 wird errichtet, der Weg durch die Rakiot-Eiswand erschlossen und das Lager 6 am Ostgrat neben dem »Mohrenkopf«, einem Felsturm, bezogen. Auf halber Höhe zum Silbersattel, auf einer kleinen Terrasse am elegant geschwungenen Schneegrat der »Schaumrolle«, stehen schließlich in 7050 m Höhe die Zelte des Lagers 7. Am 6. Juli 1934 steigen fünf Bergsteiger und elf Sherpas gipfelwärts. Schneider und Aschenbrenner, die in bester Form sind, spuren voraus und erreichen am zeitigen Vormittag den Silbersattel. Als das Gros der Expedition nachkommt, wird in 7500 m Höhe auf dem Silberplateau das Lager 8 errichtet.

»Morgen fällt der Gipfel«, so hoffen alle Männer, die auf dem Silbersattel stehen. Der kommende Tag muß dem Traum aller endlich die Erfüllung bringen. In den Zelten herrscht eine unbeschreibliche Hochstimmung, die Vorfreude auf den erhofften Gipfelsieg läßt keinen zur Ruhe kommen.

Gegen Morgen aber kommt ein Sturm auf, der sich von Stunde zu Stunde steigert und jäh alle Träume und Hoffnungen verweht. Der Sturm steigert sich zum Orkan. Unter seiner Gewalt brechen die Zeltstäbe – trotz dichter Verschnürung der Sturmzelte weht es feinsten Schneestaub zentimeterdick auf die Schlafsäcke – vor dem Zelt herrscht dichter Nebel; mit unheimlicher Wucht jagt der Schneesturm über die Hochfläche und wirft sich gegen das Lager. Man kann sich im Freien nicht mehr halten. Die Benzinkocher versagen, und so ist es nicht mehr möglich, etwas Warmes zu kochen. Dennoch wird beschlossen, mindestens einen Tag abzuwarten; man hofft auf Wetterbesserung. –

Auch die zweite Nacht wird schlaflos verbracht. Das Unwetter tobt in unverminderter Stärke. Noch leisten starker Wille und innere Härte zähen Widerstand gegen die entfesselten Elemente. Aber an den Gipfel ist nicht mehr zu denken. Es gilt nun das Leben aus diesem Hexenkessel zu retten – man muß zurück zum Lager 4. – Am Morgen des 8. Juli wird der Rückzug beschlossen. Schneider und Aschenbrenner spuren mit drei Sherpas voraus. Merkl, Welzenbach und Wieland folgen mit den übrigen acht Trägern nach. Der Haupttrupp ist stark geschwächt und erreicht vor Einbruch der Dunkelheit nicht mehr das Lager 7. Ein Freilager muß bezogen werden, schwerste Erfrierungen und erheblicher Kräfteverfall sind die Folge.

Am 9. Juli stirbt Uli Wieland kurz vor Lager 7, Willo Welzenbach und Willy Merkl erreichen das einsame Zelt auf der »Schaumrolle«. Es wird Welzenbach nach einer qualvollen Nacht zur letzten Ruhestätte.

In einer gewaltigen Anstrengung gelingt es Schneider und Aschenbrenner am 8. Juli, sich noch bis ins Lager 4 nach unten durchzuschlagen. Alle Anläufe in den folgenden Tagen, von Lager 4 aus Hilfe nach oben zu bringen, ersticken in den grundlosen Neuschneemassen.

Am 13. Juli schleppt sich Willy Merkl, der seit Tagen ohne Nahrung ist, auf zwei Eispickel gestützt, in Begleitung seiner Träger Angtsering und Gay Lay nach dem Lager 6 hinab. Das Lager 6 aber besteht nicht mehr – der Orkan hatte es weggefegt – und so graben sich die zu Tode Ermatteten in den Schnee einen Unterschlupf. Merkl schickt Angtsering zum Lager 4 hinab mit der Order, Medikamente und Nahrung heraufzubringen. – Noch am 10. Juli gelingt vier Sherpas der Durchbruch zum Lager 4. Auch Angtsering kommt dort spät nachts in total erschöpftem Zustand an. Der Expeditionsarzt leistet ihm erste Hilfe, die Kameraden reiben seine erstarrten und erfrorenen Glieder. So gelingt es, den zu Tode Erschöpften noch am Leben zu erhalten. Dort oben am Wächtensaum des Firngrates aber ist das Leben noch nicht erloschen. Herr und Träger, Menschen zweier Welten, liegen eng zusammengekauert in ihrer Eishöhle und warten auf Rettung. Sie sind beide am Ende ihrer Kräfte, es ist ihnen kein Aufrechtgehen, kein Winken mehr möglich, und auch der heisere Schrei zum Lager 4 hinab ist längst verhallt. Aber noch pulsiert warmes Blut in ihnen, und so ist auch der letzte Hoffnungsfunke auf Rettung nicht erloschen.

Willy Merkl hat mit seinem Leben noch nicht abgeschlossen, als er, von seinen Kameraden unten im Lager 4 bereits als tot geglaubt, gestützt von seinem treuen Orderly Gay Lay mit abgezehrten, erfrorenen Gliedern sich noch bis zum »Mohrenkopf« hinaufschleppt. Für diese 120 m lange Gegensteigung, die auf dem Abstieg von Lager 6 zu Lager 5 zu überwinden ist, hat er wahrscheinlich Tage gebraucht, und dennoch war sein Lebenswille noch nicht endgültig gebrochen. Fritz Bechtold, der Jugendfreund Merkls, dem es vergönnt war, ihn 4 Jahre später noch einmal zu sehen, berichtet darüber: »Aus der Haltung Willy's war zu schließen, daß er noch nicht mit dem Leben abgeschlossen hatte. Er lag da wie einer, der gerade ausruhen wollte, seine Handschuhe waren ausgezogen und auf den Oberschenkeln ausgebreitet.« –

Der »Mohrenkopf« wurde Merkl's und seiner Kameraden natürliches Grabmal – ein wuchtiger Granitturm, Sinnbild höchster menschlicher Leistungen, die im Leiden, im Sterben und im Opfer liegen. –

Weitere Versuche am Berg

Der Nanga Parbat ist zum Schicksalsberg der Deutschen geworden! 3 Jahre nach Katastrophe und Untergang der Merkl-Expedition stehen 1937 abermals deutsche Männer im Kampf um den Nanga Parbat. Dr. Karl Wien wurde zum Leiter berufen. Trotz schlechten Wetters und häufigen Schneefalls wird bereits am 11. Juni das Lager 4 errichtet. Es wird diesmal näher an die Aufstiegsroute, an den Rakiot Peak hin verlegt – und das sollte zum Verhängnis werden! – In der Nacht vom 14. zum 15. Juni sind alle Bergsteiger in diesem Lager beisammen, um am kommenden Tag mit dem Aufbau der weiteren Hochlager zu beginnen. Da trifft die deutsche Bergsteigerwelt ein furchtbarer Schlag: Eine Eislawine, die sich vom Westhang des Rakiot Peak kurz nach Mitternacht löste und herabstürzte, überflutete das Lager und vernichtete eine ganze Bergsteiger-Elite, die man so voller Hoffnung gegen den Nanga Parbat ausgeschickt hatte. Es sind alles wohlbekannte Namen: Wien, Fankhauser, Göttner, Hartmann, Hepp, Müllritter und Pfeffer. – Eine kleine Bergungsexpedition hatte sie 3 Wochen später tagelang im Eis gesucht und schließlich gefunden. – Trotz dieser neuerlichen Katastrophe rüstete Paul Bauer (Deutsche Himalaya-Stiftung), der wohl erkannt hatte, daß die Erfolgsaussichten beim Nanga Parbat wesentlich größer sind als am Kantsch, zum darauffolgenden Jahr abermals für einen Angriff auf den Nanga Parbat.

1938 wird zum ersten Mal bei einer Himalaya-Expedition auch ein Flugzeug für den Lastentransport eingesetzt. Die dreimotorige Junkers wird von Lex Thoenes gesteuert. Teilnehmer der Expedition: Paul Bauer (Leiter), Fritz Bechtold (zum vierten Mal am Nanga Parbat), Uli Luft, Rolf von Chlingensperg, Hias Rebitsch, Herbert Ruths, Ludwig Schmaderer, Stefan Zuck, Bruno Balke, Alfred Ebermann.

Am 31. Mai erreichte man das Hauptlager, und trotz schlechter Witterungsverhältnisse steht drei Wochen später bereits das erste Zelt in Lager 5. Aber es hört nicht auf zu schneien, und so wird die Mannschaft wieder ins Hauptlager zurückgetrieben. Erst in der zweiten Juni-Hälfte kann man an die Errichtung der Hochlager gehen. Der Ostgrat des Nanga Parbat wird diesmal durch eine Querung des Rakiot Peak zum unteren Nordwest-Felssporn und weiterhin durch den oberen Teil der Mulde erreicht. Am 22. Juni 1938 wird dort oben das Lager 6 in 6950 m Höhe aufgeschlagen. Beim Weitergehen entdeckt man am »Mohrenkopf« die halbverschneiten, gefrorenen Leichen von Willy Merkl und Gay Lay. In der Jackentasche von Willy Merkl findet man die von Willo Welzenbach am 10. Juli 1934 in Lager 7 geschriebenen Worte:

Ein erschütterndes Dokument todgeweihter Kameraden. An den darauffolgenden Tagen werden von verschiedenen Teilnehmern Vorstöße gegen den Silbersattel unternommen. Sie dringen über jene Stelle empor, auf der 1934 das Lager 7 auf der »Schaumrolle« stand. Dann beginnt es zu schneien, und ein Hochgewitter bildet den Auftakt für eine längere Schlechtwetterperiode. Ende Juni bessert sich das Wetter, doch die letzten Anstrengungen enden bei uferlosem Pulverschnee in Lager 5. –

Wieder war der Nanga Parbat Sieger geblieben!

II Intermezzo

Aber schon im folgenden Jahr sind die Deutschen wieder auf dem Plan. Im Auftrag der Himalaya-Stiftung suchen Peter Aufschnaiter, Heinrich Harrer, Hans Lobenhoffer und Ludwig Chicken einen Anstieg über die Diamir-Flanke. Am 13. Juni 1939 finden zwei der Expeditionsteilnehmer auf einer Felsrippe in 5500 m Höhe ein Holzscheit, das noch von Mummery aus dem Jahre 1895 stammen mußte, das einzige Relikt jenes heldenhaften Versuches. Doch man gibt die Mummery-Route, die nahezu in der Fallinie zum Hauptgipfel emporführt, bald auf, da hier die Gefahr, durch Lawinen mit in die Tiefe gerissen zu werden, sehr groß ist. Auch der zweite Vorstoß, nördlich des von Mummery gewählten Aufstiegs, der über den Diamir-Gletscher gegen den zweiten Nordgipfel emporführen soll, muß auf 5900 m Höhe aufgegeben werden. Am 20. Juni wird dieser Versuch der Deutschen Nanga Parbat-Kundfahrt 1939 endgültig abgebrochen. Mitte Juli wird ein letzter Anlauf gegen den ersten Nordgipfel unternommen, bei dem Harrer und Lobenhoffer trotz erheblichen Steinschlags bis gegen 6000 m vorstoßen. Aber eine brauchbare Lösung des Diamir-Problems wird nicht gefunden. –

Im Winter 1950 unternehmen drei Engländer einen Besteigungsversuch über den Rakiot-Gletscher. Am 1. Dezember schlagen Grace und Thornley in etwa 5500 m Höhe, nahe jener Stelle, an der bei früheren deutschen Expeditionen das Lager 2 stand, ein Zelt auf. Nach wenigen Tagen ist von den zwei Männern nichts mehr zu sehen. Nach einem schweren Sturm ist auch das Zelt verschwunden – Kälte und Neuschneemassen haben alles vernichtet. – Marsh kehrte allein nach England zurück. Es war ein Wahnsinn, eine Tollkühnheit, zu dieser späten Jahreszeit und ohne Sicherungen den Riesen Nanga Parbat anzugreifen!

Der Sieg

17. April 1953. Zum ersten Mal gehe ich auf große Fahrt. Nur wenige aus der Mannschaft haben bereits Expeditionserfahrung. Zehn Mann bilden die Deutsch-Österreichische Willy Merkl-Gedächtnis-Expedition: Peter Aschenbrenner, der bergsteigerische Leiter des Unternehmens, (Gefährte von Willy Merkl im Jahre 1932 und 1934) sowie Dr. Walter Frauenberger, der stellvertretende bergsteigerische Leiter, hatten bereits Himalaya-Erfahrung, ebenso der Kameramann Hans Ertl. Die weiteren Teilnehmer: Fritz Aumann, Hermann Buhl, Albert Bitterling, Otto Kempter, Hermann Köllensperger, Kuno Rainer.

Es ist von vornherein geplant, im Gegensatz zu früheren Expeditionen, mit weniger Hochlagern auszukommen. Auf dem Lagerplatz 4 der früheren Expeditionen in 6200 m Höhe auf dem Rakiot-Firn wird daher unser dritter Stützpunkt erstellt, als am 11. Juni Frauenberger und Buhl diesen Punkt erreichen. Neuschneefälle und Lawinenniedergänge zwingen immer wieder zu unerwünschten Pausen. Dazu das Elend mit der unberechenbaren Arbeitsmoral der Hochträger! Dennoch läuft der Nachschub weiter. Als Bitterling am 17. Juni in das Lager 2 die Nachricht vom Erfolg der britischen Expedition am Mount Everest bringt, steigen Hoffnung und Zuversicht. Lager 3 wird mit Ausrüstungen und Proviant versorgt und zu einem starken Stützpunkt ausgebaut. Die Vorbereitungen für den Gipfelsturm schreiten rasch vorwärts. Da erkrankt der unermüdliche Kuno Rainer schwer und muß zurück ins Hauptlager. Sämtliche Hochlager wurden von ihm aufgebaut, und dabei hat er sich einfach zuviel zugemutet.

Am 19. Juni steht auf 6700 m das ausgebaute Lager 4. Buhl und Kempter nehmen die 200 m hohe Eiswand am Rakiot Peak in Angriff: sie wird mit Seilen versichert. Zwei Tage später ist Hochbetrieb auf allen Trassen zwischen den Lagern. Der erste Vorstoß zum Ostgrat erfolgt am 28. Juni. Buhl, Frauenberger, Kempter und Köllensperger spuren an diesem Tag von Lager 4 zum Mohrenkopf hinauf. Dort will Buhl eine Schneehöhle graben und am nächsten Tag versuchen, den Gipfel zu erreichen. Nebel und Schneetreiben verhindern den Aufstieg über die Rakiot-Westwand und zwingen zum Rückzug nach Lager 4, anderntags nach Lager 3. Die Spitzengruppe ist durch die schwere Spurarbeit und die Lastenschlepperei abgekämpft und muß frische Kräfte sammeln. Auch die Mehrzahl der Hunza-Träger sollte sich erholen. Die Expeditionsleitung hat einen neuen Angriffsplan ausgearbeitet. Die Verbindung zwischen den Lagern wird verbessert, und eine ausgewählte Gruppe von Hochträgern kann für die Lastenbeförderung über die Rakiot-Eiswand gewonnen werden. Die Spitzengruppe in Lager 3 soll zur Erholung ins Hauptlager absteigen. Sie ist mit dem Vorschlag auch einverstanden. Am 30. Juni morgens gibt Aschenbrenner per Funk die Weisung zum Abstieg, nicht zuletzt auch unter dem Eindruck der seit Tagen anhaltenden Monsunstörung und im Gedenken an die Katastrophe von 1934. Nur bei günstigem Wetter und von ausgeruhten Männern soll der Gipfelsturm gewagt werden.

Aber während an diesem Vormittag des 30. Juni das Hauptlager noch von Nebel und Schneewolken eingehüllt ist, haben sich oben in Lager 3 die Wetterverhältnisse wesentlich gebessert. Es klart langsam auf. Auch die trockene Luft läßt auf unmittelbar bevorstehendes Schönwetter schließen. Deshalb antwortet die Spitzengruppe auf jene Weisung von Peter Aschenbrenner mit dem Vorschlag, noch einen Tag zu warten, um zu sehen, ob die Besserung auch anhält. Die Chance, die der Berg vielleicht nur einmal durch diese Schönwetterperiode bietet, soll genützt werden. Aschenbrenner zögert noch. Zu groß ist die Verantwortung, die er und ich zu tragen haben, als daß wir, die sich des Schicksals Merkl's und seiner Gefährten erinnern, sich von dem einmal gefaßten Entschluß ohne weiteres abbringen lassen. Die Spitzengruppe überzeugt schließlich die Expeditionsleitung, daß alle noch in bester Form sind und bei weiterem Aufklaren ein sofortiger Gipfelangriff Aussicht auf Erfolg hat. Die bergsteigerische Leitung übernimmt nun Dr. Frauenberger, da Aschenbrenner sich auf den Heimweg begibt. Mit Tagesanbruch des 1. Juli steigen Buhl, Ertl, Frauenberger und 3 Hunza-Hochträger bei herrlichem Wetter zu Lager 4 auf. Es ist völlig eingeschneit und wird mühsam freigeschaufelt. Buhl und Ertl präparieren die Rakiot-Eiswand und die große Querung zum Ostgrat, schlagen Stufen ins

Eis und fixieren noch weitere Seile an den Felsvorsprüngen, um den Trägern den Aufstieg zu erleichtern. Frauenberger hat sich der erschöpften Hunzas angenommen, die ihm versprechen, am nächsten Tag den Sahibs über die Rakiot-Flanke zu folgen.

Am Morgen des 2. Juli stößt Kempter mit dem Träger Madi zur Spitze vor. Vier Sahibs und ebensoviele Hunzas steigen zur Rakiot-Schulter auf; sie tragen die Ausrüstung für das 5. Hochlager. Die Träger halten sich gut. Am Mohrenkopf vorbei steigt die Gruppe bis zur Gratsenke hinab und errichtet dort in rund 6900 m Höhe das Lager, die Ausgangsbasis für den Gipfelsturm.

Buhl und Kempter treffen ihre Vorbereitungen für den entscheidenden Tag. Es wird spät, bis alle Flaschen mit Tee gefüllt sind. Wind kommt auf, Buhl verankert das Zelt. Er findet im Gegensatz zu Kempter keinen Schlaf, in Gedanken ist er schon auf dem Weg zum Gipfel. Kurz nach 1 Uhr rüstet er bereits zum Aufbruch, packt seinen Rucksack, dann tritt er hinaus in die kalte sternklare Nacht. Kempter folgt eine Stunde später nach. Fünf Stunden vergehen, dann steht Hermann Buhl oben auf dem Silbersattel am Beginn des großen Hochfirns, der zum Vorgipfel hinaufzieht.

Kempter ist noch weit zurück. Buhl geht weiter über das fast 3 km lange Hochplateau, die Windgangeln machen den Aufstieg noch beschwerlicher. Dann kommt auch Kempter den Silbersattel herauf, etwa eine Stunde hinter Buhl. Otto Kempter hatte sich tags zuvor zuviel zugemutet. Müde schleppt er sich noch bis zur Mitte des Plateaus. Jetzt muß er rasten; er sieht noch, wie Buhl hinter dem Vorgipfel verschwindet, dann schläft er ein und erliegt dem lähmenden Höheneinfluß. Den ganzen Tag über wartet er vergeblich auf die Rückkunft seines vorangestiegenen Kameraden. Erst gegen Abend steigt er dann wieder den Ostgrat hinab – zum Zelt – zum Lager 5.

Buhl hat erkannt, daß Kempter aufgegeben hat. Er weiß nun, daß er seinen Weg ohne Kameraden gehen wird und er kennt nur ein Ziel: den Gipfel! Unter dem Vorgipfel läßt er den Rucksack zurück in der Hoffnung, bis zum Abend wieder hier zu sein. Buhl umgeht den Vorgipfel und steigt zur Bazhin-Scharte ab. Er steht nun vor dem letzten Bollwerk, vor dem Gipfel. Ein zackengekrönter, 300 m hoher, verwächteter Felsgrat zieht zur Nordschulter hinauf. Um 18 Uhr erreicht Hermann Buhl die 8070 m hohe Schulter. Über das fast waagerechte Gratstück gelangt er schließlich zur Gipfelkalotte. Es ist nicht mehr weit, aber jeder Schritt kostet viel Energie. Auf allen Vieren kriecht er schließlich die letzten Meter hinauf. Es ist 7 Uhr abends, als er den Gipfel erreicht. In dieser Stunde des 3. Juli 1953 wird der dritte Achttausender erstmals bezwungen.

Noch bevor die Sonne unter dem Horizont verschwindet, verläßt Hermann Buhl den Firngipfel des Nanga Parbat, wo er seinen Eispickel mit der pakistanischen Flagge zurückläßt und steigt gegen die Nordschulter hin ab. Etwa 150 m unterhalb des Gipfels holt ihn die Nacht ein. In dem Felsgrat zwischen Nordschulter und Bazhin-Scharte biwakiert er in 8000 m Höhe, steht auf einem wackligen Felsblock, einer winzigen Kanzel und hält sich mit der rechten Hand an dem Felsen fest. In der Linken hält er seine Skistöcke, die er zum weiteren Abstieg benötigt. Ohne Biwakausrüstung steht der Sieger als Gefangener des Berges volle acht Stunden fast unbeweglich in trostloser Einsamkeit. Die Nacht ist relativ warm, windstill, und erst gegen Morgen zieht die Kälte in die Füße. Gegen 4 Uhr dämmert es, und Buhl steigt weiter ab. Halluzinationen begleiten ihn bei seiner einsamen Höhen-

Blick ins obere Rupal-Tal.
Zwischen dem Gletschersee und dem
unteren Bildrand liegt das Hauptlager (HL).
Das Panorama zeigt links den Hari
Parbat (1) – dann folgen Shaigiri Peak (2),
Toshe Peak (3) und rechts der Turpin
Peak (4) – vor der in der Ferne gelegenen
Eiswand der Toshe-Gruppe.

Felix Kuen war der einzige, der vom
Gipfel Fotoaufnahmen mitbrachte; hier
hält er seinen Seilgefährten im Bild fest.

Die Wieland-Eiswand ist bezwungen.
Fixe Seile sichern den Auf- und Abstieg
von Mannschaft und Hochträgern.

wanderung hinab zur Bazhin-Scharte und weiter hinaus auf das Silberplateau. Dort sucht er nach seinem Rucksack.

Inzwischen ist es Mittag geworden, heiß strahlt die Sonne auf den Firn. Gegen Hunger und Durst ißt er Schnee mit Traubenzucker und nimmt zur Mobilisierung seiner Reservekräfte einige Tabletten Pervitin. Von neuem plagen ihn Trugbilder von entgegenkommenden Kameraden. Unsäglich die Mühen bis zum Silbersattel – ein Stolpern, Wanken, schrittweises Taumeln, Rasten, Atemholen und – weiter, weiter. Ein unbeugsamer Wille treibt ihn vorwärts. Um 6 Uhr abends steht er wieder auf dem Silbersattel. Tief unten am Fuße des Grates vor dem Mohrenkopf sieht er das schützende Zelt – und davor stehen zwei Kameraden. Noch eine letzte, schier übermenschliche Anstrengung, die 500 m Abstieg über den Ostgrat – dann ist er in den Armen der Freunde. – Der einsame Gipfelgang von Hermann Buhl, in der Geschichte des Alpinismus eine beispiellose Leistung, ist ein Triumph des Willens und des Mutes und krönte alle bisherigen Mühen und Opfer um den Nanga Parbat.

III Die Diamir-Flanke des Nanga Parbat

Erste große Diamir-Expedition

29. April 1961. Ich gehe zum dritten Mal auf große Fahrt. Ziel ist die Diamir-Flanke des Nanga Parbat. Sie soll auf Durchstiegsmöglichkeiten erstmals erkundet und gegebenenfalls in ihrer ganzen Ausdehnung durchstiegen werden. Bei besonders günstigen Verhältnissen während des Unternehmens sollte auch ein Vorstoß bis zum Gipfel erwogen werden. Außerdem ist geplant, den noch weißen Fleck in der Nanga Parbat-Karte zu tilgen, das heißt, das immer noch nicht erfaßte Gebiet des oberen Diamirtales kartographisch aufzunehmen. Auch medizinisch-wissenschaftliche Untersuchungen sind vorgesehen, und das Expeditionsgeschehen soll in einem Farbfilm festgehalten werden.

Während dieser Expedition fallen mir erstmals drei Funktionen zu – Expeditionsleiter, Arzt und Kameramann. – Rudl Marek ist stellvertretender Expeditionsleiter. Die weiteren Teilnehmer heißen Michl Anderl, Dr. Ludwig Delp, Toni Kinshofer, Jörg Lehne, Sigi Löw, Toni Messner, Harry Rost und Gerhard Wagner, der Geo-Wissenschaftler der Expedition.

Am 24. Mai wird der Hauptlagerplatz in 4050 m Höhe erreicht. Es gilt nun die Aufstiegsroute über die Diamir-Flanke zu erkunden und zu diesem Zweck zunächst einen Platz für das Hochlager 1 in rund 5000 m Höhe ausfindig zu machen. In den nächsten Tagen erkunden wir das Gelände und kommen zu dem Ergebnis, daß man den für den Aufstieg zunächst vorgesehenen Südpfeiler südlich liegen läßt und eine nördlich davon hochziehende, fast 1000 m hohe Eisrinne für die Hochträger gangbar macht. Die Eisflanke wird durch Stahlseile versichert. 700 m Seile werden fixiert. Am oberen Ende dieser Aufstiegsroute befindet sich eine Felskanzel, die gerade einem Zelt Platz bietet. Wir nennen diesen Biwakplatz »Adlerhorst«. Von hier aus wird nach Überwindung einer 150 m hohen Felsstufe ein etwas größerer Platz ausfindig gemacht. Dort in 6000 m Höhe soll das 2. Hochlager aufgebaut werden. Dies geschieht am 12. Juni. Bei stürmischem Wetter wird es von Kinshofer, Lehne und Löw errichtet.

Während die einen noch mit dem Ausbau des Lagers beschäftigt sind, 12-Kilo-Lasten mittels einer Reepschnur über die Felsstufe hochhieven – ist Sigi Löw bereits dabei, den Aufstieg gegen den vorgesehenen Lagerplatz 3 zu erkunden. Am 19. Juni, früh 6 Uhr, brechen Kinshofer, Lehne und Löw auf, um nach Hochlager 3 umzusiedeln. Die beiden Träger Hidayat Shah und Isa Khan folgen nach. Rost und Anderl bilden den Schluß der aufsteigenden Gruppe. Die letzten 400 m vor dem Hochlager 3 führen durch Blankeis. Jeder Meter muß nun versichert werden, damit die Träger mit ihren schweren Lasten einigermaßen gefahrlos auf- und absteigen können.

Am 20. Juni frühmorgens will die Spitzengruppe von Lager 3 aus, also von 6600 m, einen Gipfelvorstoß versuchen. Heftiges Schneetreiben vereitelt zunächst den Aufstieg. Doch im Laufe des Vormittags bessert sich die Wetterlage, und so macht sich die Spitzengruppe am Nachmittag doch noch auf den Weg zur Bazhin-Mulde. Rasch steigen sie hoch, Kinshofer, Löw und Lehne, und noch vor Einbruch der Dunkelheit erreichen sie die nördliche felsige Begrenzung des Eisfeldes und richten sich für ein kurzes Biwak ein – kurz deshalb, weil sie bereits um Mitternacht, wenn der Mond über der Bazhinscharte hervorkommt, zum Gipfel aufbrechen wollen. – Mit ihrem Gaskocher bereiten sie sich schnell noch einige Tassen Ovomaltine, dann schlüpfen sie unter den Zeltsack. Aber noch bevor es Nacht wird, können sie erkennen, wie sich vom Westen her eine dunkle Wolkenbank dem Berg nähert. Um Mitternacht, zur Zeit des Aufbruchs, beginnt es zu schneien, und wenige Stunden später befinden sie sich inmitten eines Schneesturmes, der jeglichen Gedanken an einen Gipfelvorstoß im Keime erstickt.

Der nächste Tag zwingt das Trio zum Abstieg nach Lager 3. Die darauffolgenden Schlechtwettertage lassen jegliche Hoffnung auf einen erneuten Angriff im Laufe der nächsten Zeit schwinden. Da der Proviant allmählich in den Hochlagern ausgeht, muß sich schließlich die gesamte Mannschaft wieder im Basislager einfinden. Nur mit letzter Kraft werden die Hochlager geräumt. Die Träger sind am Ende ihrer Leistungsfähigkeit, und auch unter der Mannschaft hat der Gipfelauftrieb wesentlich nachgelassen. Um einen erneuten Angriff vorzubereiten, würden Wochen vergehen. Dies alles scheint mir aber wenig aussichtsreich, und so beschließe ich nun in den letzten Junitagen den Rückmarsch zur Bunarbrücke.

1962 – Erfolg und Tragik an der Diamir-Flanke

Das im Vorjahr begonnene Werk soll vollendet werden. Jetzt sind mir alle Schwierigkeiten der Diamir-Flanke bekannt, und ich kann meine Vorbereitungen darauf abstellen. Als erstes will ich mir die Erfahrungen vom Rückmarsch zunutze machen und darauf dringen, daß der Anmarsch diesmal unbedingt über die Hirtenpfade und Kletterstellen der Diamirschlucht erfolgt. Um den Kulis mit ihren 26-Kilo-Lasten genügend Sicherheit zu bieten, sollen die Hunza-Hochträger die gefährlichen, abschüssigen Wandstellen durch fixe Seile absichern und den einzelnen Lastenträgern an den ausgesetzten Stellen direkt behilflich sein.

Das zweite, im Vorjahr nicht zur vollen Zufriedenheit gelöste Problem war die Bewältigung der 1000 Meter hohen Löw-Eisrinne zwischen Lager 1 (5000 m) und Lager 2 (6000 m). Um den Lastentransport von Lager 1 nach dem Depot (5400 m) und weiter über den mit Stahlseilen versicherten oberen Abschnitt der Rinne zügig zu gestalten, werden zehn qualifizierte Hochträger unter der Leitung ihres bewährten Sirdar Isa Khan in Gilgit angeworben. Das Hochlager 2 in 6000 m Höhe, das erst nach Überwindung eines 150 m hohen Felsabsturzes erreicht werden kann, soll diesmal zum gut versorgten Akklimatisationslager ausgebaut werden. Zelte und Proviant sollen in so ausreichender Menge in dieses Lager gestellt werden, daß bei Schlechtwettereinbruch die mehrköpfige Mannschaft zusammen mit einigen Hochträgern ohne Gefahr dort mehrere Tage ausharren kann. Damit Lager 2 dieser Aufgabe gerecht wird, ist es unbedingt erforderlich, den primitiven Seilaufzug aus dem Vorjahr durch eine richtige Transportbahn zu ersetzen.

Auch in der Zusammensetzung der Mannschaft gibt es gegenüber dem Vorjahr einige Veränderungen. Jörg Lehne und Toni Messner sind in der Heimat unabkömmlich. Die Gipfelmannschaft soll stärker gemacht werden, und so werden den Teilnehmern vom Vorjahr, Toni Kinshofer und Sigi Löw, die Himalaya-Neulinge Manfred Sturm, Hubert Schmidbauer und Anderl Mannhardt, der Tourengefährte Kinshofers während der ersten Winterbesteigung der Eiger-Nordwand, zur Seite gegeben. Als Seilbahnspezialist und Verbindungsmann zwischen Lager 1 und der Spitzengruppe ist Michl Anderl vorgesehen. Rudl Marek ist diesmal allein für die Nachschubfragen verantwortlich. Die Leitung und ärztliche Betreuung der Expedition liegt wiederum in meinen Händen. Bei der Durchführung von 24 medizinisch-wissenschaftlichen Aufgaben kann ich mich auf die Hilfe meiner medizinisch-technischen Assistentin Sieglinde Ulbrich stützen, die auch die ärztliche Versorgung der Träger übernimmt.

Am 29. April 1962 verläßt die Mannschaft München, um sich tags darauf in Genua auf dem MS Asia einzuschiffen. Mit den Bergsteigern sind 4,5 Tonnen Gepäck unterwegs. Planmäßig wird das Hauptlager erreicht. Um das Lager 1 möglichst rasch mit dem Notwendigsten zu versorgen, werden am nächsten Tag bereits zehn Hunza- und fünf Diamir-Leute mit Lasten zu diesem Lagerplatz hinaufgeschickt. Ihnen voraus legen Kinshofer, Schmidbauer, Sturm und Mannhardt die erste Spur nach oben. In den kommenden Tagen wird das Lager 2 ausgebaut, der Transportlift über die 150 m hohe Steilstufe montiert und das Akklimatisationslager mit reichlich Proviant versorgt.

Auch der Aufbau des dritten Hochlagers geht rasch vonstatten. Am 5. Juni steigen Toni Kinshofer und Sigi Löw nach Lager 3 hoch, um die Aufstiegsroute mit Seilen zu versichern. Zwei Tage später wird von ihnen das Hochlager in 6600 m Höhe bereits bewohnt. Trotz wechselhaften Wetters sind Kinshofer und Löw die nächsten Tage damit beschäftigt und bemüht, den Aufstieg zum Grat, der zur Bazhin-Mulde führt, mit Reepschnüren zu versehen. Zur gleichen Zeit schleppen unter der Führung von Anderl, Mannhardt und Sturm hochbepackte Träger lebenswichtige Lasten ins Lager 3 hinauf.

20. Juni 1962. Auf den Tag genau, aber ein Jahr später, ist abermals großer Aufbruch in Lager 3 an der Diamir-Flanke. Lehne hielt sich 1961 an die nördliche Felsbegrenzung des Eisfeldes. Diesmal aber hat Kinshofer den Aufstieg gegen die südliche Felsbegrenzung gerichtet, um möglichst unmittelbar in die Bazhin-Mulde zu gelangen.

Um 6 Uhr morgens befindet sich bereits alles im Aufstieg. Toni Kinshofer spurt wie immer voraus, dann folgen Löw, Sturm und Anderl – alle mit einem etwa 7 kg schweren Rucksack voll wichtigster Dinge. Mannhardt trägt das Perlonzelt, die anderen den Primuskocher und Verpflegung. Schon während des Aufstiegs klagt Sigi Löw über Schmerzen in seinen Zehen. Er hat sich diese während der Versicherungsarbeiten am 16. Juni oberhalb Lager 2 angefroren. Eine Zehe ist bereits aufgeplatzt, wie er berichtet, aber er will durchhalten und beim Vorstoß zum Gipfel unbedingt dabei sein.

Gegen 12 Uhr mittags ist der Grat erreicht, eisig bläst der Wind über die Bazhin-Mulde und fegt lange Schneefahnen in den azurblauen Himmel. Noch scheint die Sonne, aber draußen über dem Diamir-Tal liegt bereits eine dichte Wolkenbank auf der Lauer und schiebt sich langsam aber stetig immer weiter an den Berg heran.

Gleich hinter dem Grat, der zum Nordgipfel emporzieht, wird das leichte Perlonzelt aufgestellt. Lager 4 bietet allen Fünfen gerade genug Platz zum Sitzen und ist eigentlich nicht mehr als ein Unterstand gegen Schneetreiben und Höhensturm, ohne den Komfort einer Luftmatratze oder eines Schlafsackes. Tausend Höhenmeter trennen die Besatzung von Lager 4 vom Gipfel. In der kommenden Nacht ist es endlich so weit – so hoffen alle, die zusammengepfercht auf ihren Rucksäcken und auf Seilen in ihrem Perlonzelt hocken, an dessen Wänden kaltes Kondenswasser herabläuft. Aber der 21. Juni bringt alles, nur kein Gipfelwetter. Dichter Dunst liegt über dem Diamir-Tal – Wolken ballen sich, und bald peitscht ein Hochgewitter über die Zeltlager. Donner grollen mit Lawinen um die Wette. Bei diesem Wetter gibt es nur eines: ausharren im schützenden Zelt, bis sich die Naturgewalten wieder beruhigt haben. Aber allmählich wird das Hocken auf engstem Raum zur Qual, der Proviant wird knapp, und somit bringt die kommende Nacht, so oder so, die Entscheidung.

Kurz nach Mitternacht, in der ersten Stunde des 22. Juni 1962, klart es auf – aber immer noch weht ein eisiger Wind über die Grate – es ist sehr kalt. Dennoch entschließt man sich zum Aufbruch. Michl Anderl erkennt, daß hier für ihn die Leistungsgrenze erreicht ist und bleibt im Lager 4 in 7200 m Höhe zurück.

Sigi Löw ist in guter Verfassung und spurt voraus. Dann kommt Kinshofer und Mannhardt. Manfred Sturm fühlt sich bald nicht mehr sehr wohl, hat Seitenstechen, und nach einigen Stunden muß er erkennen, daß er mit den anderen nicht Schritt halten kann, und er kehrt zurück ins Lager.

Stundenlang sind die drei nun schon unterwegs, die Todeszone ist bereits überschritten. Um 9 Uhr morgens erreicht die Dreierseilschaft die Bazhin-Scharte (7812 m) und findet somit Anschluß an die Aufstiegsroute von 1953 (Buhl).

Das Gipfel-Trio wählt den Aufstieg zur Nordschulter über den Grat. Links bricht die Ostwand des Bazhin-Kessels 4000 m tief ins Rupal-Tal ab – ein Anblick von grandiosen Ausmaßen. – Plötzlich strafft sich das Seil, der zweite Mann ist verschwunden! Anderl Mannhardt fängt den Sturz ab. Sigi Löw ist durch eine Schneebrücke gebrochen und etwa 5 m in die Bazhin-Wand hinabgefallen. Sein Eispickel geht verloren, und nach geraumer Zeit kommt Sigi keuchend und völlig außer Atem wieder an die Oberfläche. Mal wieder gut gegangen!

Die Verhältnisse am Grat sind schlecht, und eine Dreierseilschaft klettert natürlich wesentlich langsamer als ein Alleingänger. Nur so ist es zu erklären, daß die drei – im Gegensatz zu Hermann Buhl, der vier Stunden für den Schultergrat benötigte, – ganze sieben Stunden unterwegs sind. Als sie gegen 16 Uhr die 8070 m hohe Nordschulter erreichen, ist der Gipfel längst in Wolken gehüllt. Nur hin und wieder ist ihnen ein Tiefblick nach dem Diamir- oder Rupal-Tal oder ein Blick rückwärts zum Silberplateau vergönnt. Über den Grat an der Diamirseite erreichen sie schließlich um 17 Uhr, reichlich erschöpft, den Gipfel des Nanga Parbat. Wenige Meter unterhalb der Eiskalotte des Gipfels finden sie das kleine, von Hermann Buhl am 3. 7. 1953 erbaute Steinmandl!

Vor 16 Stunden sind sie in Lager 4 aufgebrochen – ein langer, mühsamer Weg liegt hinter ihnen – aber sie sind guter Dinge. Lediglich Sigi Löw hat das Gefühl an seinen Füßen bereits verloren. Man rüstet zur Rückkehr. Für den Abstieg über die Schulter reicht die Zeit nicht mehr aus, und so beschließen die Gipfelbezwinger, knapp unterhalb des Gipfelaufschwungs in einer Felsnische zu biwakieren. Kälteschutz bietet nur das, was jeder am Leibe hat. Man drückt sich an die Felsen und fest aneinander, um Rücken und Seiten einigermaßen gegen den Höhensturm schützen zu können. Schon während der Nacht überfällt Sigi Löw ein Schwächeanfall.

Beim Morgengrauen verlassen die Gipfelsieger ihre eiskalte Biwaknische, steigen die wenigen Meter zum Grat auf, um sich für geraume Zeit in den ersten Sonnenstrahlen zu wärmen. Gegen 6 Uhr machen sie sich an den Abstieg. Um möglichst rasch vorwärts zu kommen, seilen sie sich gar nicht an. Der Höhensturm peitscht den Erschöpften immer wieder Schneestaub ins Gesicht. Bart und Augenbrauen sind vereist, der Gesichtsausschnitt von Anorak und Pullover steif gefroren. Mit zugekniffenen Augen suchen sie sich von Zeit zu Zeit zu orientieren. Jeder ist auf sich gestellt. Man hat inzwischen den Abstieg über die Nordschulter hinter sich und die Bazhin-Mulde erreicht. Es ist Mittag geworden. Plötzlich ist Sigi Löw zurückgeblieben. Unsicher über den Verbleib des Kameraden ruft Toni Kinshofer zurück und hinauf. Da dringt 200 m oberhalb Sigi's Stimme bittend herab: »Kommt rauf«! – Toni glaubt, daß Sigi wieder einen Schwindelanfall hat, unter dem er schon einige Male zu leiden hatte und steigt in Richtung des Rufers, so rasch es in dieser Höhe eben gehen mag, nach oben. Kinshofer ist noch keine 50 m hochgestiegen, da saust plötzlich ein Schatten an ihm vorüber. Sigi Löw stürzt ab! Mit weit von sich gestreckten Gliedern sauste er auf dem Rücken herab – ohne Abwehrbewegung – ohne einen Laut von sich zu geben. Am Ende der Eisrinne wird der Stürzende über eine Bodenwelle wie über eine Sprungschanze geworfen und trifft so unglücklich auf, daß er sich eine tödliche Kopfverletzung zuzieht. Anderl Mannhardt merkt zunächst nichts von all dem Schrecklichen. Er ist bereits weit voraus. Doch durch Zuruf von Toni darauf aufmerksam gemacht, stürmen beide sofort zur Unglücksstelle hinab.

Sigi Löw hat eine klaffende Wunde über der Stirn und innere Verletzungen. Er ist ohne Bewußtsein und läßt Kopf, Arme und Beine wie leblos hängen. Nachdem die beiden ihren ersten Schock überwunden haben, beschließen sie, den Schwerverletzten nach Lager 4 hinabzuschleppen. Aber schon nach wenigen Metern merken sie, daß sie solchen übermenschlichen Anstrengungen in dieser Höhe von 7500 m keinesfalls mehr gewachsen sind, auch sie sind bereits am Ende ihrer Kräfte. Toni Kinshofer bleibt bei dem Sterbenden, Anderl Mannhardt steigt nach Lager 3 ab, um Hilfe zu holen. Bereits drei Stunden später erreicht er jene Schneise, die hinabzieht zum sogenannten »Kinshofer-Eisfeld«. Alle bergsteigerische Vorsicht außer Acht lassend, steigt er den letzten Hang vom Lager 3 in direkter Fallinie hinab. Aus dem Tempo des Abstiegs läßt sich vermuten, daß etwas Außergewöhnliches, ja Schreckliches passiert sein muß.

Am Abend zwischen 7 und 8 Uhr hat der immer heitere Sigi, der liebenswerte Kamerad, in den Armen seines Bergfreundes Toni Kinshofer das Zeitliche gesegnet. Nun ist es für Kinshofer an der Zeit, an sich selbst zu denken. Es wird bereits dunkel, als er die Unglücksstelle verläßt. Für kurze Zeit kann er die Spur von Anderl Mannhardt noch erkennen – bald aber ist er von völliger Nacht umgeben. Er verliert den Eispickel, glaubt zwischen Tabakplantagen zu wandeln und steigt doch Stück für Stück dem Grat bei Lager 4 entgegen. Immer wieder drückt er sich in eine Schneegrube hinein, um sich auszuruhen und Kräfte zu sammeln. Die große Gefahr für ihn, einzuschlafen, wird durch den Höhensturm vereitelt – er ist es, der den einsamen Wanderer gewaltsam wachhält und zum Weitergehen zwingt. –

Um 9 Uhr vormittags trifft der aufsteigende Rettungstrupp mit Toni Kinshofer zusammen. Nun ist der Tod von Sigi Löw uns Gewißheit geworden. Die Trauer um den lieben Freund ist groß, aber auch die Freude über die Rückkunft von Toni, der sich in dieser Schreckensnacht sein Leben neu erkämpft hatte. Ohne jegliche Nahrung, ohne kräftigende Rast hat er 56 Stunden lang einer lebensfeindlichen Umwelt getrotzt und damit eine Tat vollbracht, die an jene von Hermann Buhl erinnert, dessen Gipfelgang am Nanga Parbat bis zu diesem Zeitpunkt als einmalig und unerreichbar gegolten hat.

An eine Bergung des tödlich Verunglückten war unter den gegebenen Umständen nicht mehr zu denken. Es wurden zwar Rettungsaktionen noch in der Nacht zum 23. Juni von Lager zu Lager vorgetrieben, aber das Gebot der Stunde war, die Überlebenden mit ihren schwersten Erfrierungen an den Füßen so schnell wie möglich ins Hauptlager und weiter in ein heimatliches Hospital zu schaffen. –

Der Nanga Parbat war über seinen 3500 m hohen abweisenden Westabsturz, die Diamir-Flanke, erstmals bezwungen. Damit war ein alter Bergsteigertraum endlich in Erfüllung gegangen – aber unter welchen Opfern!

Deutsche Rupal-Kundfahrt 1963

Als ich im Frühjahr 1963 zur Deutschen Rupal-Kundfahrt rüstete, waren Toni Kinshofers Füße bereits amputiert und die Stümpfe soweit ausgeheilt, daß er zum dritten Mal mit mir zum Nanga Parbat fahren konnte. In unserer Begleitung befanden sich Gerhard Haller aus Lindau und Klaus Scheck, der Junior-Chef des großen Münchener Sporthauses. –

Am 6. Juni erreichten wir Gilgit. Zwei Tage später in aller Frühe verlassen wir auf 4 hochbepackten Jeeps die große Himalaya-Oase. Nach wenigen Stunden erreichen wir das Industal, queren auf einer weitgespannten Hängebrücke den Strom und gelangen so auf das linke Ufer. Eine kurze Weile geht die Fahrt durch eine Sand- und Felswüste bis zur nächsten Oase, dem lieblich gelegenen Bunji. Blickt man zurück nach Norden, so erheben sich dort die gigantischen Eisflanken des Haramosh und des 7788 m hohen Rakaposhi. Vor uns aber – gen Süden – baut sich breit und majestätisch die Rakiot-Riesenflanke des Nanga Parbat auf. Die gewaltigste relative Erhebung der Erde!

In Bunji gibt es eine Teerast – für die Fahrer im Bazar, für uns in der Offiziersmesse. Kurz nach diesem Dorf fährt man ins Astor-Tal ein. Auf der Ramghat-Brücke queren wir den Fluß und fahren von nun an immer an der linken Flußseite aufwärts.

Durch das wildromantische Astor-Tal zieht sich seit uralten Zeiten ein Karawanenweg, den schon mein Bruder mit seinen Expeditionen talauswärts gezogen kam. Wir aber folgen in umgekehrter Richtung, also flußaufwärts, diesem im Laufe der Jahrzehnte auf Spurweite eines Jeeps verbreiterten Sträßchen. Diese wichtige Karawanenstraße verbindet die Stein- und Felswüste des Industales mit den blühenden Gärten von Srinagar, der Hauptstadt von Kaschmir.

Öde und menschenfeindlich erscheint das von hohen Felswänden umschlossene Himalaya-Tal; immer schon war es von hoher strategischer Bedeutung. Seit alter

Zeit hatten die jeweiligen Beherrscher dieses Gebietes ihre Burgen und Wehrbauten hoch über den tosenden Wassern errichtet. Heute sind sie verfallen, nur noch spärliche Ruinen künden von der kriegerischen Vorzeit.

Acht Stunden sind wir nun schon seit Gilgit unterwegs, als wir in den frühen Nachmittagsstunden Astor erreichen. Für wenige Minuten rasten wir hier im Schatten riesiger Pappeln, die für dieses Dorf so typisch sind. Rund 25 km trennen uns noch von unserem Tagesziel: Rampur, das am Eingang des Rupal-Tales liegt. Bei Bulashbar, kurz vor dem Zusammenfluß von Rupal und Astor, ändert plötzlich das Tal für eine kurze Strecke seine nordsüdliche Richtung. Der Blick gegen Westen wird frei, das weite untere Rupal-Tal liegt vor einem, und dahinter steht die gewaltige Mauer aus Fels und Eis, die Ostflanke des Nanga Parbat, in gigantischer Wucht und Größe. Fast 6000 m hoch ragt der Berg vor uns auf. Mächtig erscheint der vorgelagerte Rakiot-Peak, abweisend die Ostwand des Bazhin-Kessels und berauschend schön unser Ziel: die hochstrebenden Pfeiler und furchterregenden Abstürze der Rupal-Flanke! Gekrönt wird diese Symphonie in Granit, Eis und Firn von einer zierlichen Gipfelkalotte, sie erscheint ganz in Weiß und in ewiger Reinheit.

Um nicht in die Hitze zu kommen, verlassen wir den Jagdbungalow in Rampur schon beim Morgengrauen. Unser Weg führt zunächst zum Rupal-Fluß hinab, dann über einen Steg zur linken Flußseite und weiter steil aufwärts nach Churit. Von hier aus trennt uns nur noch eine kurze Wegstrecke von der Siedlung Tarishing. Ein steiler Pfad führt den Moränenhang hinab zum Fluß, und auf der Gegenseite liegt, in liebliche Matten eingebettet, das Dorf. Auch dort halten wir uns nur kurze Zeit auf. Wir hocken auf dem Dach des Schulhauses und lassen die Karawane der Träger an uns vorüberziehen. Tarishing liegt unmittelbar unter dem großen Absturz der Chongra-Gruppe des Nanga Parbat. Man muß den Kopf weit zurücklegen, um hinaufblicken zu können auf jenen Grat, wo im Jahre 1953 unser Hochlager 3 in 6200 m Höhe stand und wo südlich davon unter der Rakiot-Eiswand die Zelte von Lager 4 tief in den Schnee eingegraben waren.

Gegen Abend steigen wir die hohe Moräne des Chhungphar-Gletschers hinauf, queren den Eisstrom und erreichen über moorig-weichen Boden eine schöngelegene Hochalm mit vereinzelten Almhütten. Wir sind in Rupal. An einer Quelle halten wir Rast und bleiben bis zum Morgen.

Im Gegensatz zu den Verhältnissen in den anderen Nanga Parbat-Hochtälern, wo die Bewohner nur in primitiven Steinhütten hausen, finden wir hier auf der warmen Südseite des Berges relativ reiche Bauern. Hier sind Haustiere und »Tierchen« nicht alle zusammen mit der kinderreichen Familie in einem Raum. Im Rupal-Tal haben die Bauern für ihr Vieh sogar eigene Stallungen, und die Wohnhütten tragen oftmals einfache, aber architektonisch geschmackvolle Holzaufbauten. Dennoch wird auch im Rupal-Tal der Acker noch heute wie im Mittelalter bearbeitet. Der Hackpflug besteht aus einem natürlich geformten Wurzelholz, er reißt die Erde auf, legt die Scholle aber nicht um. Am ganzen Pflug befindet sich kein Eisenteil, alles ist aus Pappelholz – und Weidengeflecht hält die einzelnen Teile zusammen. –

Am 10. Juni 1963, also zwei Tage nach unserer Ankunft in Rampur, erreichen wir bereits die Hochweide Shaigiri. Unter einem Felsriegel, der uns vor Staublawinen aus der Südwand schützt, finden wir einen idealen Lagerplatz. Wenige Meter von uns entfernt kommt klarstes Quellwasser zwischen moosbedeckten Felsen hervor. Hier werden die Lasten abgeworfen, und nach einer kurzen Verschnaufpause beginnt die Auszahlung der Träger.

Unser Lagerplatz liegt 3600 m hoch. Am Morgen des nächsten Tages wird die Trägerausrüstung verteilt und bereits wenige Stunden später ziehen wir los – in zwei Gruppen – und jede für sich in ein anderes Hochtal. Am Abend ins Lager zurückgekehrt, tauschen wir unsere Erfahrungen aus. Wir sind uns darüber einig, daß es auch durch diese abweisende Wand Aufstiegsmöglichkeiten gibt. Wir sind aber nicht darauf eingerichtet, größere Strecken mit fixen Seilen zu versichern. Unser Erkundungsvorstoß auf der ins Auge gefaßten Aufstiegsroute kann also nur soweit erfolgen, wie man eben ohne technische Hilfsmittel auskommt. –

Zunächst suchen wir aber nach einer klassischen Aufstiegsroute, nach dem leichtesten Weg, der vom Rupal-Tal aus zum Gipfel des Nanga Parbat emporführt, und wir finden sie: über ein steiles Lawinenfeld führt der sogenannte »Toni Kinshofer-Weg« zu einer Eisrinne empor, und nachdem die Ostwand eines Gratpfeilers gequert ist, erreicht man in etwa 6000 m Höhe einen Eisgrat. Dieser mündet schließlich in eine Firnmulde ein, die sich nach oben hin in ein sehr steiles Eisfeld verliert, das zum Gipfelaufbau hinleitet.

IV Kampf um die Rupal-Flanke

Jene Fotos, die seinerzeit von der Wissenschaftler-Gruppe der Nanga Parbat-Expedition 1934 im Rupaltal aufgenommen wurden, zeigten eindrucksstarke Bilder von der Südflanke des Nanga Parbat. Die Wirklichkeit aber übertrifft an Wildheit, Größe und Erhabenheit noch weit alle Vorstellungen, die durch diese Aufnahmen vermittelt werden können. War es nicht naheliegend, daß wir daher schon zu einer Zeit, da wir noch im Kampf um die Diamir-Flanke standen, bereits neue Pläne schmiedeten? Nach erfolgreichem Abschluß der Besteigung des Westabsturzes des Nanga Parbat wollte ich daher noch eine Woche anhängen und zusammen mit Toni Kinshofer und Michl Anderl einen Abstecher ins Rupaltal unternehmen. Dort erhoffte ich mir eine klare Antwort auf eine Frage, die mich schon seit langem beschäftigte – nämlich, ob auch das letzte große Problem am Nanga Parbat, seine Südflanke, »schwache Stellen« aufweise –, ob man auch hier einen erfolgreichen Besteigungsversuch wagen könne?

Die Diamir-Expedition 1962 endete zwar mit einem Gipfelsieg, jedoch forderte dieser Erfolg das Leben eines unserer Kameraden. Die beiden anderen Gipfelbezwinger kamen mit schwersten Erfrierungen davon. Unter diesen Umständen war natürlich an einen Erkundungsvorstoß ins Rupaltal zu diesem Zeitpunkt nicht zu denken, und dieses Vorhaben mußte um ein Jahr verschoben werden.

Neben dieser sogenannten »klassischen« Aufstiegsroute haben wir noch einen weiteren Aufstieg entdeckt, der wesentlich kürzer ist. Diese »Direttissima« führt über den Südsüdost-Sporn von der Hochweide Tap in 3560 m Höhe in kühnem Aufschwung zum Gipfelaufbau empor.

Um die Wandverhältnisse dieser direkten Aufstiegsroute zum Gipfel des Nanga Parbat noch besser studieren zu können, steigen Kinshofer und Haller zum Gegenhang auf. Am Abend queren sie den wildschäumenden Rupal-Fluß, und in den frühen Morgenstunden des nächsten Tages klettern sie zu einem Sattel hoch und erreichen über einen messerscharfen Grat gegen Mittag den Gipfel des Rupal Peak

(5595 m). Damit erfüllt sich Gerhard Hallers heißer Wunsch, sein erstes Himalaya-Erlebnis mit einem, wenn auch bescheidenen Gipfelerfolg zu krönen.

Der Rupal Peak liegt dem Nanga Parbat genau gegenüber – die optischen Verkürzungen sind weitgehend geschwunden – von seiner Spitze aus zeigt sich jetzt die Südflanke dem Beschauer in ihrer ganzen gigantischen Höhe, in ihrer ehrfurchtgebietenden Wildheit. Man muß die Rupal-Flanke aus einer gewissen Distanz betrachten, nur dann wird ihr Anblick ihrem Ruf als der höchsten Steilwand der Erde vollauf gerecht.

Das Ergebnis unserer Kundfahrt ist positiv: wir haben zwei Aufstiegsmöglichkeiten erkundet, eine »klassische« Route, den sogenannten »Toni Kinshofer-Weg« über den Südwestgrat, und eine »Direttissima« über den Südsüdost-Sporn, die vom Talkessel aus über den Wieland-Gletscher, das Welzenbach-Eisfeld und die Merkl-Rinne zum Gipfel emporführt. Unser nächstes Ziel soll die Bezwingung der Rupal-Flanke auf dieser direkten Route über den Südsüdost-Sporn sein. In die Heimat zurückgekehrt, werden wir sofort mit den Vorbereitungsarbeiten für dieses große Unternehmen beginnen und im nächsten Jahr mit einer starken Mannschaft in das Rupal-Tal zurückkehren.

Winter-Expedition zur Rupal-Flanke

Am 31. Januar 1964 verläßt die Mannschaft der Deutschen Rupal-Expedition 1964 die bayerische Landeshauptstadt. Die Expedition steht wieder unter meiner Leitung. Ich bin Expeditionsarzt und habe mir selbst die Aufgabe gestellt, einen 16 mm Farbfilm von dem Geschehen an der Rupal-Flanke zu drehen. Wer ist die Mannschaft? Erwin Hofmann, ein erfahrener Bergsteiger, kommt aus Bamberg; – Gottfried Lapp und Reinhold Obster aus München – Raphael Hang aus der Ramsau – Karl Reinhold und Wilhelm Schloz aus Stuttgart – Gebhard Planegger aus Mittenwald und Peter Müller aus Regensburg.

In der Mittagsstunde des 13. Februar kommt die Mannschaft in Karachi an, und mit ihr 4 Tonnen Ausrüstung und Verpflegung. Wir bemühen uns um einen raschen Weitertransport unseres Expeditionsgutes – und wir haben Glück, alles läuft wie am Schnürchen, und am 23. Februar bereits können wir mit all unserer Habe das freundliche Gilgit in Richtung Astor verlassen. Wieder machen wir in der lieblich gelegenen Oase Bunji im Industal für eine Stunde im Garten der Offiziersmesse Rast. Frisch gestärkt fahren wir dann in die Astorschlucht ein. An steilen Felswänden schlängelt sich das kunstvoll angelegte Sträßchen in unzähligen Serpentinen das karge, vegetationslose Himalaya-Tal empor. Tief unten brausen die smaragdgrünen Wasser des wildschäumenden Astor-Flusses, zwängen sich durch engste Felsschluchten und stürzen mit viel Getöse und Gischt dem Industal entgegen.

Jetzt im Winter ist die Straße streckenweise durch haushohe Lawinenkegel verschüttet. Der Straßenmeister von Gilgit war jedoch bemüht, die Straße in aller Eile soweit wie möglich für unsere Jeeps befahrbar zu machen. Dennoch endet unsere Fahrt bereits nach acht Stunden in dem kleinen Bergdorf Harchu. Auf den steilen Hängen liegen etwa 30 cm Schnee. Das Gepäck wird von den Fahrzeugen genommen und auf Esel und Pferde umgeladen, die während der Nacht unsere Lasten nach Astor weiterschleppen sollen. Wir selbst erreichen nach einem dreistündigen Fußmarsch über vereiste Wege und schneebedeckte Hänge bei sternklarer Nacht unser Tagesziel Astor.

Astor liegt 2345 m hoch und gegenwärtig unter einer 50 cm hohen, geschlossenen Schneedecke. Unser nächstes Ziel ist das Jagdhaus in Rampur. Vor einem Jahr sind wir die Strecke dorthin noch gefahren, diesmal gehen wir in den Fußstapfen des Vordermannes, und später, als wir zur Spitze der Trägerkolonne vorgedrungen sind, stapfen wir in knietiefem Bruchharsch mühsam aufwärts. Erst bei hereinbrechender Nacht, nach etwa sechs Stunden anstrengender Spurarbeit, erreichen wir das Jagdhaus. Man ist auf unser Kommen nicht vorbereitet. Kein Mensch war seit langem hier gewesen. Die schneeverwehten Türen müssen erst aufgebrochen werden, dann werden Bauern in der Umgebung auf uns aufmerksam und eilen herbei. Sie bringen Holz und später auch Wasser und Eier. In der zweiten, noch kleineren Hütte ist eine Feuerstelle. Dort machen wir es uns warm und bequem.

Unsere persönliche Ausrüstung ist noch unterwegs. Wir setzen uns daher auf den Fußboden der völlig leeren Hütte, eng aneinandergedrängt, doch es ist so kalt, daß man gerne immer wieder einmal für ein paar Stunden hinübergeht zur Feuerstelle um sich aufzuwärmen. Dort hocken auch unsere zehn Hochträger ganz dicht beieinander, denn der Raum ist eng; er ist nicht größer als 4 Quadratmeter und von beißendem Qualm erfüllt.

Am Morgen des 26. Februar marschieren wir wieder. Im warmen Sonnenlicht geht es durch tiefverschneite Hochweiden das Rupaltal aufwärts. Unser heutiges Ziel ist Tarishing. Wir nächtigen in den beiden dunklen Räumen des Schulhauses und verbringen den Rest des Tages trotz diesigen Wetters auf dem Dach dieses kleinen Gebäudes. Raphael Hang ist um unser leibliches Wohl besorgt. Er fischte sich die Anmarschkisten aus dem Lastenstapel, und bald finden wir uns bei einem kräftigen Abendessen froh vereint. Zum Tagesausklang spendet Radio Lahore schwungvolle Tanzmusik!

Der Anstieg zum Hauptlager ist im Winter recht schwierig. Was im Sommer des letzten Jahres ein angenehmer Spaziergang war, ist jetzt eine mühsame Stapferei durch meterhohen Schnee. Das untere Rupal-Tal ist noch bewohnt. Hin und wieder sehen wir zwischen den Hütten vereinzelt Pferde, die sich Bewegung verschaffen und dabei bis über den Bauch im Schnee waten.

Nach etwa 2 Stunden haben wir die letzte Hütte hinter uns. Fast kriegerisch mutet die langgezogene Kette der Träger an, die sich durch die weiten Schneeflächen des oberen Rupal-Tales langsam emporwindet. Wir Sahibs haben heute die Aufgabe übernommen, eine Spur für die Kulis zu treten. Die Nacht verbringen wir in einer der oberen größeren Almhütten. Auf dem offenen Vorraum machen wir es uns gemütlich, stapeln die ankommenden Lasten und kriechen bei einbrechender Dunkelheit in unsere Schlafsäcke. Es ist wieder kälter geworden, und es schneit.

Freitag, der 28. Februar 1964. Schon sehr früh brechen wir auf, denn die Kulis müssen an diesem Tag nicht nur ihre Last nach oben schleppen, sondern anschließend auch wieder in ihre Dörfer zurück. Drei Sahibs spuren auf Skiern voraus, die anderen treten zusammen mit den Hochträgern die Spur, und hinter uns folgt die Karawane der Lastenträger.

Nachdem wir den Bazhin-Gletscher gequert haben, erreichen wir den 3560 m hochgelegenen Weideplatz »Tap«. Diese ebene Fläche hat uns schon im Vorjahr so gut gefallen, daß wir diesmal dort unser Hauptlager errichten wollen. Die Kulis sind trotz des Schneetreibens guter Stimmung, vielleicht auch, weil sie in wenigen Minuten ihren wohlverdienten Lohn erwarten dürfen. Nachdem sie ausbezahlt sind, helfen sie uns noch beim Zusammentrampeln des Schnees, damit wir unsere Zelte aufbauen können. Dann aber sind sie plötzlich fluchtartig verschwunden, auf dem Weg zu ihren Dörfern und ihren Familien.

Mitten in den Aufbau des Lagers platzt ein Churit-Bauer mit einem uralten Bergstiefel, der sofort allgemeine Neugierde erweckt. Die Sohle des alten Stiefels ist mit Flügelnägeln verstärkt, eine Benagelung, wie sie bei uns vor vielen Jahrzehnten üblich war. Der Schuh wurde vor etwa 20 Jahren aus dem Eis am oberen Bazhin-Gletscher von einem Jäger herausgeschnitten, erzählt uns der Bauer. Da vor uns keine Expedition in diesem Gebiet war, konnte der Schuh wohl nur von einem Träger der Rakiot-Expeditionen stammen und mußte vom Ostgrat herabgestürzt sein. Willy Merkl und Gay Lay wurden bekanntlich 1938 über die Südwand des Bazhin-Kessels herab beigesetzt. Da der Stiefel kein Sahibschuh war, mußte er von einem Träger stammen.

Am 1. März steigen Hofmann, Reinhold und Lapp, sowie sechs Träger durch den Tap-Kessel bis 4700 m hoch und errichten dort auf einem lawinensicheren Schneegrat das erste Hochlager. Andertags folgen Schloz und Hang. Seit Tagen schneit es leicht, aber trotzdem wird das Hochlager 1 weiter versorgt. Am 3. März beginnt man bereits die Felsquerung gegen Lager 2 zu versichern. Nach der Felsquerung führt ein Engpaß zwischen einem Felskamm und einem über 100 m hohen Eisabbruch des Wieland-Gletschers steil empor. Zwei Tage später soll dieser Hänge-Gletscher selbst versichert und auf einer Höhe von 5400 m das Lager 2 errichtet werden. Die erste Terrasse des Wieland-Gletschers ist bereits erreicht. Das Wetter ist auch heute nicht gut – dauernd schneit es. – Plangger geht als Erster am Seil, hinter ihm folgen Hofmann, Schloz, Reinhold, Lapp und Müller. Kaum aber hat er die halbe Höhe dieses Gletscherabbruchs erreicht, da brüllt Gottfried Lapp: »Der Hang kommt!« – und schon beginnt der wildeste Tanz auf der Lawine durch eine mehr als 500 m lange Steilrinne hinab. Nur wer solch einen Schock selbst miterlebt hat, vermag wohl seine Eindrücke in den richtigen Farben zu schildern. Deshalb soll hier Erwin Hofmann berichten:

»Durch einen Seilbruch fliege ich kopfüber in den Abbruch hinab in die steile Rinne. Mich oft überschlagend, mal über, mal unter den hinabgleitenden Schneemassen, geht es in rasender Fahrt talwärts. Endlich wird das Tempo langsamer. Ich liege nun auf dem Rücken und sehe wenige Meter von mir entfernt in verkrampfter Stellung Wilhelm Schloz, um Befreiung aus der eisigen Umklammerung kämpfend. Plötzlich abermals ein heftiger Ruck. Ich werde mit Wilhelm zu einem unentwirrbaren Knäuel verwickelt, und in immer schnellerer Fahrt geht die schier endlos erscheinende Reise weiter. Dann endlich kommen wir zum Stehen. Mein Arm ist abgeschnürt und an die Steigeisen gepreßt, die an Wilhelms Füßen befestigt sind. Seile, Pickel, Hammer, Schlingen, Skistöcke und Rucksack bilden mit unseren Beinen und Armen ein unentwirrbares Durcheinander. Zehn Meter tiefer wühlt sich Gebhard Plangger blutüberströmt aus dem Schnee. Endlich sind wir frei und können Gebhard helfen. Wilhelm verbindet ihn, indem er sein Hemd in Stücke reißt, und ich suche in der Lawine nach verlorengegangenen Gegenständen. Nun wollen wir zum Lager 1 gelangen. Wo liegt wohl der kürzeste Anstieg dorthin? Die von der Lawine nicht erfaßten Kameraden sind 500 m über uns und schreien herab. Von ihnen kann wohl so schnell keine Hilfe kommen. Um keine weitere Lawine auszulösen, entschließen wir uns, eine steile Kante zu überwinden, die unserer Meinung nach zum Lager 1 emporzieht. Verzweifelt kämpfe ich gegen metertiefen Schwimmschnee. Wir wollen zum Grat hoch, denn dann sind wir außer Lawinengefahr. Wilhelm hat die meiste Mühe, uns zu folgen. Nach einer halben Seillänge bricht er total erschöpft zusammen. Während ich mich weiterhin voraus durch den Schnee wühle, folgt Plangger und sichert Wilhelm am Seil nach. Vier Seillängen, dann ist der Grat wieder erreicht. Nun kommt auch bereits Hilfe von oben. Gottfried schneidet uns mit dem Messer aus dem Brustgeschirr. Wir stehen 100 m über Lager 1. Wir halten uns nicht lange auf, mit unseren Verletzungen wollen wir so schnell wie möglich ins Hauptlager hinab.« –

Die Folgen der Lawine: Jeder ist verletzt, aber jeder lebt! Vieles ging während des Sturzes verloren – eine Filmkamera, ein Funkgerät, Rucksäcke mit Inhalt, Handschuhe, und dies bedeutet bei minus 20° Kälte sofort Frostschäden an den Fingern. – Aber schließlich waren doch alle glücklich über den Ausgang, denn was bedeuten schon gebrochene Rippen, Finger, Platzwunden, Blutergüsse und Prellungen? – diese Lawine hätte auch das Ende der Expedition sein können! –

Die nächsten Tage sind trostlos, es schneit, schneit, schneit ... Der Plan, die Schlechtwetterperiode dadurch auszunutzen, daß man an weniger lawinengefährdeten Hängen trainiert, um in Kondition zu bleiben, scheitert an der Unvernunft des pakistanischen Begleitoffiziers. Leutnant Jadun verweigert seine Genehmigung für Exkursionen in die nächste Umgebung. Er bezeichnet einen 500 m über unserem Lager gelegenen Felskopf als einen Gipfel und beschränkt unsere Beweglichkeit auf 1 Meile im Umkreis. Bei Nichtbeachtung droht er mit Besetzung des Hauptlagers durch Scouts.

Am 14. März kann nach langer Schlechtwetterperiode endlich das 1. Hochlager in 4700 m Höhe wieder bezogen werden. Der zweite Angriff beginnt. Im Gegensatz zu den Verhältnissen in den Sommermonaten, wo man nach Schneefall am übernächsten Tag bereits wieder aufsteigen kann, muß man im Winter zwei ganze Tage verstreichen lassen, ehe man sich an einen weiteren Aufstieg wagen darf – dann erst sind die meisten Lawinen abgegangen. –

Wir sind uns anfangs nicht völlig darüber einig, ob unser Aufstieg von Lager 1 zu Lager 3 über den Wieland-Gletscher die günstigste Routenführung ist. Um diese Frage endgültig zu klären, steigen Schloz, Reinhold und ich am 20. März zusammen mit einigen Hochträgern über die westliche Moräne des Bazhin-Gletschers hoch. Am Gletscherbecken angekommen, steigen wir jenen Kamm hinauf, der den großen Bazhin-Kessel von dem kleinen Tap-Kessel trennt. Unser Aufstieg führt über stark lawinengefährdetes Gelände, und die letzten Meter sind eine schreckliche Schinderei im grundlosen Pulverschnee. Am Gipfel dieser Vorberge angelangt, werden wir durch den gigantischen Anblick der eisgepanzerten Felswände, die gleich einem Zirkusrund das Gletscherbecken umschließen, hoch belohnt: Rakiot Peak, Mohrenkopf, Ostgrat, Silberplateau – alles, glaubt man, sei greifbar nahe gerückt, ein Trugbild der Natur, denn in der klaren Atmosphäre des Himalaya-Riesen erscheint jegliche Entfernung verkürzt, wie etwa bei uns, wenn Föhn über den Alpen liegt. –

Am Fernglas werden nun eingehend die Verhältnisse am Gegenhang studiert und anschließend die ganze Umgebung fotografiert und gefilmt. Was den weiteren Aufstieg über Lager 1 hinaus betrifft, so sind wir uns im Augenblick des Betrachtens darüber klar, daß es hier nur eine einzige Möglichkeit gibt, um höher zu kommen, nämlich den Aufstieg über den Wieland-Gletscher. Was hinter, das heißt nördlich des Wieland-Felsens liegt, ist eine unpassierbare, sehr steile Eisrinne, durch die von Zeit zu Zeit gewaltige Eisstaublawinen herabstürzen.

Den Frühlingsanfang erleben wir bei hochwinterlichem Wetter. Die Moslems feiern diesen Tag mit einem großen Fest. Uns stimmt der 21. März aber keinesfalls fröhlich. Im Hauptlager haben wir mit Kranken und Verletzten die Hände voll zu tun, in den Hochlagern herrscht Schneesturm, und man ist in die Zelte verbannt. Das Schlimmste aber ist ein Telegramm vom ISI Karachi, das mir gegen Abend ein Policeman aus Astor überreicht: Wir dürfen uns nur 3 Meilen vom Hauptlager entfernen, und keiner der umliegenden Gipfel und Hänge darf bestiegen werden!

Am selben Abend erreicht uns noch die Meldung von Lager 1, daß Hang und Plangger trotz zweifelhaften Wetters auf dem Wieland-Gletscher das 2. Hochlager errichtet haben. Unter einem überhängenden Eiswulst haben die beiden ein »Scheck«-Zelt aufgestellt. Kaum sind sie damit fertig, schickt der Berg aus der nahe gelegenen Felswand einen steinigen Gruß herab. Pfeifend sausen die Geschosse über das versteckte Lager hinweg und schlagen unterhalb davon in das Firnfeld ein.

Durch eine von unserem Leutnant provozierte Meuterei unter den Hochträgern schrumpft die Gruppe der Hilfskräfte auf die Hälfte zusammen. Um den weiteren Vorstoß nicht zu gefährden, werden nun alle Leute zusammengefaßt, unser Höhenkoch Arab Khan wird als Hochträger eingesetzt, und die Sahibs schleppen von nun an ebenfalls Lasten in die Hochlager wie die Kulis. Nur durch diesen forcierten Einsatz wird es ermöglicht, daß bereits am 23. März die Spitzengruppe mit der Versicherung der Eiswand gegen Lager 3 beginnen kann. – Aber immer wieder treibt es Sturmwolken an den Berg, es schneit, und alle Aktivität erstickt in den Neuschneemassen. So kann die endgültige Versicherung der Eiswand, der Schlüsselstellung für den weiteren Aufstieg, erst am 29. März als abgeschlossen betrachtet werden.

Am Ostersonntag steigen Obster und Hang bereits um 4 Uhr morgens über den Wieland-Gletscher zur Eiswand hoch. In harter Arbeit und bei hochsommerlicher Strahlungshitze präparieren sie Meter für Meter der 250 m hohen Wand. Kurz vor Sonnenuntergang wird von den beiden schließlich jener Felsgrat erreicht, auf dem in den nächsten Tagen das 3. Hochlager errichtet werden soll. – Jetzt stehen sie auf 5800 m Höhe, die halbe Wandhöhe der Rupalflanke ist geschafft, der Weiterweg kann aus nächster Nähe in Augenschein genommen werden. Alle sind von der enormen Leistung unserer beiden Kameraden beeindruckt. Unsere Vermutung, daß wir uns auf dem richtigen, direkten Aufstiegsweg durch die Südwand des Nanga Parbat befinden, hat sich bestätigt!

Hang und Obster genießen nun bei einer ausgedehnten Rast das Panorama der tausend Gipfel. Es war für sie ein sehr anstrengender, heißer Tag. Wir glauben schon, sie könnten sich von ihrem Ausblick gar nicht mehr trennen – da endlich, gegen 17 Uhr, erscheinen sie wieder in der Eiswand. Wir alle träumen jetzt davon, daß in zwei Tagen das 3. Hochlager stehen wird. Noch ahnen wir nicht, daß die an diesem Tag von uns erreichte Höhe von nahezu 6000 m zum höchsten Punkt des Unternehmens werden soll!

Unser ganzes Interesse gilt nun dem weiteren Aufstieg über das Welzenbach-Eisfeld und der Frage, wo wohl der günstigste Platz für das letzte Hochlager sein könnte. Mitten in unserem Planen flattert uns vom ISI Karachi abermals ein Telegramm ins Lager, demzufolge wir uns angeblich auf einer falschen Route befänden und man uns deshalb hiermit kurzerhand das Permit entziehe. Ein übler April-Scherz für uns – Mißverständnis oder Intrige? Hatte Leutnant Jadun bei diesem Schlag gegen die Expedition durch unwahre Berichterstattung und falsche Aussagen Pate gestanden? Wie dem auch sei, es ist einmalig in der Himalaya-Geschichte: eine Expedition muß mitten im Aufstieg spontan und ohne plausiblen Grund abgebrochen werden!

Die Kunde von der Hiobsbotschaft ist durch Sprechfunk bald in aller Munde. Anstatt zum Aufstieg nach Lager 3 muß nun zum Abmarsch geblasen werden. –

Ob das Unternehmen während dieser Winterexpedition den Gipfel erreicht hätte? – Wohl kaum! Als positives Ergebnis jedoch konnte die Gewißheit mit nach Hause genommen werden, daß der Nanga Parbat über seinen Südsüdost-Sporn an der Rupal-Flanke besteigbar ist und daß auch winterliche Verhältnisse kein unüberwindliches Hindernis darstellen.

Die große Chance 1968

Durch Vermittlung unseres damaligen Bundeskanzlers anläßlich seines Besuches in Pakistan erhalten wir Mitte Februar 1968 – etwas unerwartet zu einem solch späten Zeitpunkt! – die Einreiseerlaubnis zu einer Nanga-Parbat-Expedition zur Rupal-Flanke. In aller Eile werden die noch ausstehenden Ausrüstungsgüter von den uns nahestehenden Spenderfirmen erbeten. Die Überfahrtsmöglichkeiten nach Pakistan sind durch den immer noch gesperrten Suezkanal denkbar zeitraubend und ungünstig. 5 Tonnen Ausrüstung und Verpflegung müssen daher bereits 6 Wochen nach Erhalt des Permits verpackt sein, um noch rechtzeitig das Schiff am 26. April 1968 in Triest erreichen zu können. Ein Teil der Mannschaft wählt die Schiffsreise (31 Tage um Afrika herum!) – und am 26. Mai trifft sich wieder alles in Karachi.

Die Toni Kinshofer-Gedächtnis-Expedition ist meine 8. Auslandsbergfahrt und meine 6. Expedition zum Nanga Parbat. Stellvertretender Expeditionsleiter ist Günter Schnaidt. Der Geologe Wilhelm Schloz war bereits 1964 mit an der Rupal-Flanke. Die Schwaben Karl Golikow, Günter Strobel, Sigi Hupfauer, Rolf Rosenzopf, Roland Votteler waren alle Mitglieder der Winter-Direttissima-Besteigung der Eiger-Nordwand unter der Leitung meines ehemaligen Expeditionskameraden Jörg Lehne.

Weitere Mitglieder sind: Wolfgang Theurer aus Stuttgart und Beatrice Kaltenbach aus Engen in Baden, die der Expedition als medizinisch-wissenschaftliche Hilfskraft angehört. Aus München kommen noch Peter Scholz und Wilhelm Dirmhirn, als Hauptlagerverwalter. Als Bildreporter begleitet Karl Breyer die Expedition bis auf 4700 m Höhe.

In Karachi werden wir vom deutschen Generalkonsul Dr. Albers herzlich empfangen und sofort nach Kräften unterstützt, um rasch und reibungslos das Expeditionsgepäck durch den Zoll schleusen und nach Rawalpindi weiterleiten zu können. Auch die Deutsche Botschaft in Islamabad läßt uns diesmal größte Unterstützung zuteil werden – ein Novum, das ich besonders dankbar hervorheben möchte. –

Die kommenden Tage stehen ganz im Zeichen des Weitertransportes unseres großen Gepäcks per Lastwagen nach Rawalpindi und von dort aus per Flugzeug nach Gilgit. In den frühen Morgenstunden des 1. Juni fliegen wir mit einer neuen Focker-Friendship erstmals am Nanga Parbat vorbei. Hoch ragt sein Haupt über alle seine Trabanten empor. Wir sehen die vom Gipfel steil abfallende Rupal-Flanke, das Ziel unserer Wünsche – gewaltig, furchterregend und abweisend. Werden wir sie diesmal bezwingen?

Erregende Spannung und erwartungsvolle Unruhe überfällt uns. Wenn wir doch schon im Hauptlager wären, denn dort erst beginnt schließlich die eigentliche Expedition – die Problematik des Durchstiegs – das Ausharren in großen Höhen – der Kampf um den Berg und seinen Gipfel!

Am Sonntag, den 2. Juni 1968 findet in Gilgit das Endspiel der Polo-Festspiele statt. Außergewöhnlich viele Gäste sind deshalb aus den Niederungen des Landes in dieses kleine Himalaya-Städtchen gereist. – Uns aber drängen eigene Belange: ich verhandle mit dem Mir von Hunza wegen der Hochträger, die umgehend aus ihren 64 Meilen von Gilgit entfernten Dörfern herbeigeholt werden. Wir organisieren die erforderlichen Fahrzeuge für unseren Weitertransport und sind nebenbei ausreichend damit beschäftigt, 4000 Grußkarten mit pakistanischen Sondermarken zu frankieren und zu unterschreiben.

Am 4. Juni werden die Trägerrationen eingekauft, und spät abends treffen endlich die Hochträger ein. Ein Appell wird abgehalten, 12 qualifizierte Hunza-Leute ausgesucht und anschließend dem bewährten Sirdar Isa Khan unterstellt. All diese letzten Vorbereitungsarbeiten vor unserem unmittelbaren Start ins Rupaltal verlaufen schnell und reibungslos, denn wir haben diesmal – im Gegensatz zu 1964 – in Captain Tariq Mahmud einen Begleitoffizier zugeteilt erhalten, wie man sich keinen besseren wünschen kann! Ihm allein verdanke ich eine kameradschaftliche und hilfsbereite Zusammenarbeit mit allen pakistanischen Dienststellen, den Lambardaren und den Trägern. Rein menschlich war Captain Tariq von so liebenswertem, edlem Charakter, daß wir ihn sehr bald recht innig ins Herz geschlossen hatten, – er wurde uns allen zum besten Freund. –

Am 5. Juni verlassen wir Gilgit. 15 hochbepackte Jeeps, auf denen die Hochträger hocken, fahren zum Industal. Drei Stunden später erreichen wir Bunji – queren eine Stunde darauf bereits die Maharadscha-Brücke und gelangen in das wildromantische Astor-Tal. Nach weiteren vier Stunden ist Astor erreicht. Von Rampur trennen uns jetzt nur noch eineinhalb Stunden Fahrt. Dort werden 230 Einzellasten – Tonnen, Spezialkartons und Seesäcke – von den Fahrzeugen abgeladen und von den Bergbauern aus Churit und Tarishing übernommen. Innerhalb von zwei Tagen sollen die 26 kg schweren Lasten zum Hauptlagerplatz hinaufgeschleppt werden.

Am 7. Juni folgt die Trägerkolonne einem Pfad, der südlich um den Bazhin-Gletscher herumführt, und erreicht gegen Mittag die Hochweide »Tap«. Die Träger werden ausbezahlt, und in wenigen Minuten steht die Zeltstadt. Die Lage des Hauptlagers kann man als ideal bezeichnen – es steht trocken, hat frisches Quellwasser und ist nur 500 Meter vom Aufstieg zum Tap-Kessel nach Hochlager 1 entfernt.

Noch am Nachmittag steigen Wilhelm Schloz und Peter Scholz, ausgerüstet mit Felshaken und 200 m Reepschnüren, zur eisbedeckten Felsrinne unterhalb des ersten Hochlagerplatzes hinauf und bringen dort eine Seilversicherung an. Am nächsten Tag sollen bereits 30 ausgewählte Anmarschträger unter der Führung von Votteler und Hupfauer bis zur Rinne aufsteigen und dort ein Depot errichten. Während dieser Zeit werden Schloz, Scholz und Rosenzopf die restlichen 80 m der Felsrinne versichern. Es geschah wie geplant. Die Spitzengruppe steigt dabei rund 100 Meter bis über den früheren Lagerplatz hinauf und deponiert dort ihre Lasten. Doch die Lawinen sind zu dieser Jahreszeit noch recht aktiv: plötzlich sieht sich Rosenzopf in einem abfallenden Schneebrett und saust fast zweihundert Meter mit in die Tiefe. Er selbst kommt mit dem Schrecken davon, lediglich sein Anorak und seine Steigeisen gehen dabei verloren. Aus Sicherheitsgründen wird daher das Hochlager 1 im Laufe der nächsten Tage doch auf den bekannten Platz von 1964 zurückverlegt.

Am 11. Juni erreichen wir trotz schlechten Wetters den Wieland-Gletscher und können unter einem kleinen Eisabbruch nahe der Eiswand das 2. Hochlager aufbauen. – Eine andere Gruppe kommt mit 3 Hochträgern nach und versichert mit

400 m Stahlseil die steinschlaggefährdete Felsquerung, die zum Wieland-Gletscher emporführt. –

Sahib Theurer, der Kommandant von Lager 1, steigt fast täglich zusammen mit fünf hochbepackten Hunza-Leuten während der Nacht zum Lager 2 auf. Ausschließlich nachts sind die Schneeverhältnisse so günstig hart, daß man rasch hochsteigen kann. Mit Tagesbeginn wird der Schnee zu einem uferlosen Brei aufgeweicht – man kann bestenfalls noch darauf abfahren – an ein Aufsteigen aber ist in dieser subtropischen Hitze nicht mehr zu denken.

Mitte Juni wird während dieser Expedition die 250 m hohe Eiswand erstmals wieder durchstiegen. Anschließend werden Seilwinde und Zugseil von Lager 2 zum Grat über der Eiswand hinaufgeschleppt. Damit sind die ersten Vorarbeiten für die Errichtung eines kleinen Lastenaufzuges getan. Während der nächsten Tage wird die Seilwinde am Firngrat in 5800 m Höhe im Eis fest verankert. Nach zwanzigstündiger schwerer Arbeit kehren alle Bergsteiger, die damit beschäftigt waren, müde und abgekämpft in das Hochlager 2 zurück.

Eine kurze Schlechtwetterperiode zwingt zunächst zum Ausharren im Zelt. Doch zwei Tage später bereits beginnt die zweite Phase des Angriffs. Schnaidt macht sich um den Seilaufzug verdient. Die ersten mit Verpflegung und Zelten gefüllten Plastikbomben werden über die Eiswand nach oben geschleift. Etwas über zwei Stunden dauert ein einziger Transport. »Talstation« und »Bergstation« sind durch Sprechfunk ständig miteinander in Verbindung. Drei Aufzüge können täglich geschafft werden, das sind etwa 150 kg Nutzlast. Somit schreitet der Ausbau des Akklimatisationslagers in 5900 m Höhe gut voran.

Auch am 25. Juni ist man in Lager 2 mit dem Hochziehen der Lasten beschäftigt. An diesem Tag steigen Golikow, Scholz und Strobel 600 Meter hoch, das Welzenbach-Eisfeld empor und versichern dabei das Eiscouloir, das zum Lagerplatz 4 emporführt. Aber die Freude am Höherstreben dauert nur wenige Stunden – der Himmel verdüstert sich, Monsunwolken ziehen durch das Rupal-Tal, und bald ist der ganze Berg von dichten Nebelschwaden eingehüllt. Vier Tage lang schneit es ununterbrochen. Die Funkverbindungen zu den obersten Lagern sind unterbrochen! Wir in Lager 1 können uns nur mit dem Hauptlager und dem Lager 2 in Verbindung setzen. In diesem Lager wird es schließlich so ungemütlich, daß sich Schnaidt zusammen mit seinen Kameraden Votteler und Rosenzopf entschließen, in stundenlanger harter Arbeit eine Höhle ins Eis zu hauen und den Eingang mit einem alten Zelt zu verhängen. Hier finden sie Schutz vor den herabstürzenden Schneemassen. Jetzt hat auch das stündliche Schneeräumen vor dem Zelt ein Ende.

Scholz, Strobel und Golikow harren in Lager 3 vier Tage lang aus. – Nur Scholz geht das Herumliegen im Zelt plötzlich so auf die Nerven, daß er das Welzenbach-Eisfeld hochsteigt, sich durch uferlosen Schwimmschnee wühlt und erst wieder nach 7 Stunden das schützende Zelt von Lager 3 erreicht. Seine beiden Kameraden atmen erleichtert auf, als er mit vereistem Anorak endlich wieder vor dem Lager erscheint.

Die beiden Zelte über der Seilwinde, das sogenannte Windenlager, befinden sich 50 Meter hinter dem Grat des oberen Wieland-Felsens auf einem Eisbalkon mit freiem Blick nach Osten, die Eisrinne hinab, die gegen den Bazhin-Gletscher steil abstürzt. Dort warten Schloz, Hupfauer und zwei Träger auf Wetterbesserung. Auch jene auf Hochlager 1 liegen in ihren Schlafsäcken und warten, daß es endlich zu schneien aufhört und die Sonne wieder durchbricht.

Als sich am 29. Juni nach kurzem Aufklaren in den frühesten Morgenstunden abermals der Nebelvorhang bis ins Tal hinab schließt und der Schnee wild auf unsere

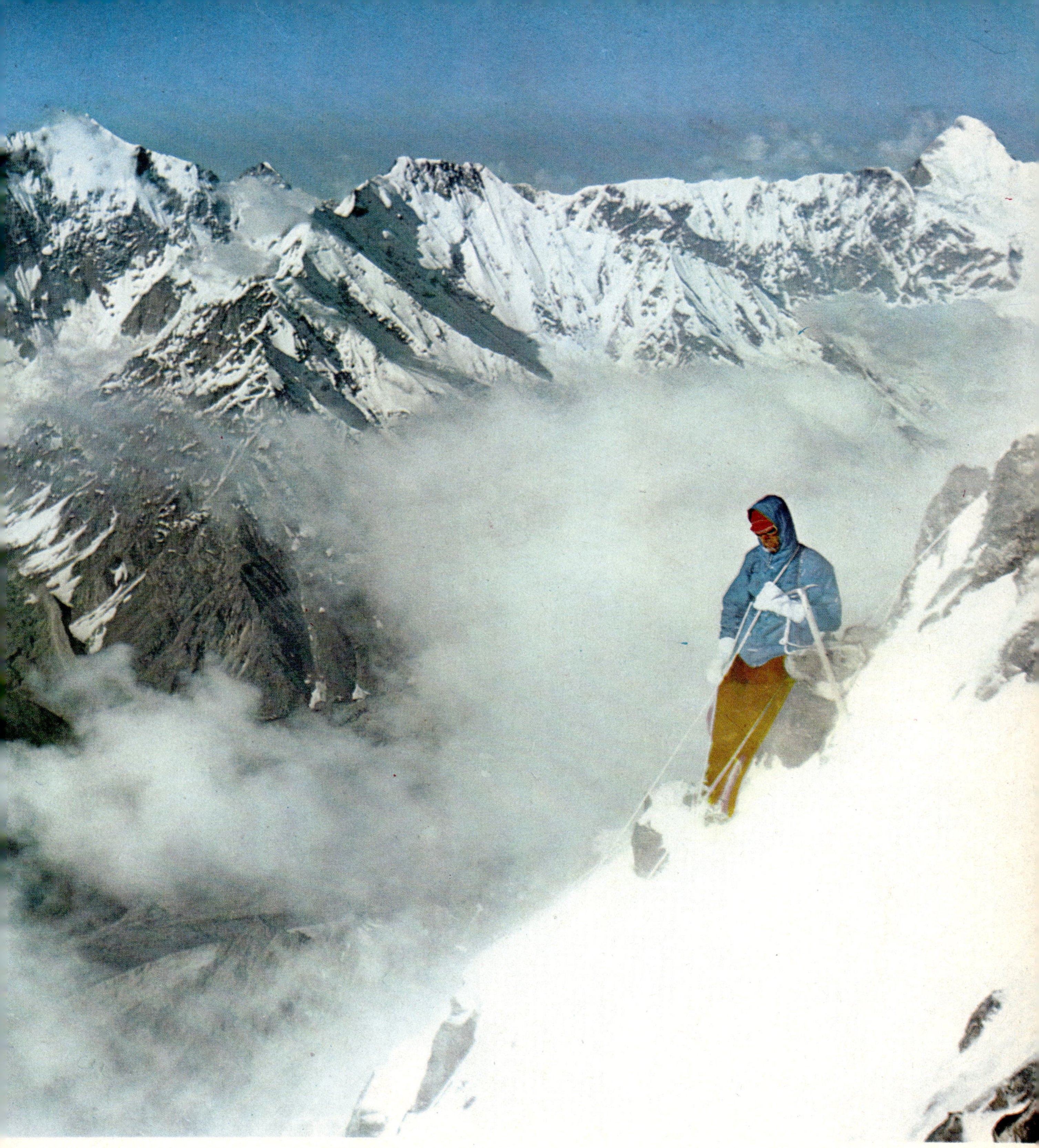

Günter Strobel sichert einen höhenkranken Träger die Wieland-Eiswand hinab. Wenige Minuten später zieht er sich beim Überspringen des Eisschrunds eine komplizierte Unterschenkelfraktur zu und muß selbst unter schwierigen Bedingungen abtransportiert werden.

Die Teilnehmer der Deutschen Kundfahrt zur Rupal-Flanke: von links nach rechts: Gerhard Haller (31), Toni Kinshofer (29), der pakistanische Begleitoffizier Capt. Muhammad Anwar, Expeditionsleiter Dr. Karl M. Herrligkoffer (46).
Unten rechts: Klaus Scheck (23).

Unten: Unteres Astor-Tal: Der alte Handelsweg, der aus Srinagar in Indien kommt, wurde zur Jeepstraße ausgebaut.

Bergbauern aus dem Rupal-Tal.

Links unten: Isa Khan, der Sirdar der Hochträger aus dem Hunzaland. Er wa seit 1953 bei jeder Nanga Parbat-Expedition dabei.

Die Mitglieder der Rupal-Winter-Expedition 1964 von links nach rechts: Reinhold Obster (22), Erwin Hofmann (23), Raphael Hang (25), Wilhelm Schloz (24), Gebhard Plangger (27), Karl Reinhold (25), Rechts: Expeditionsleiter Karl M. Herrligkoffer (47), Peter Müller (23), Gottfried Lapp (29).

Unten: Die Südschulter ist in Wirklichkeit die Südspitze (8042 m). Die eigentliche Südschulter liegt dahinter zwischen ihr und dem Gipfel.

Die Aufstiegsroute der Rupal-Winter-Expedition 1964.

Rechts: Der Aufstieg über den Wieland-Gletscher zum Lager 2.

Wieland-Felsen

L2

Wieland-Gletscher

Eisabbruch

L1

Die Mannschaft der Toni Kinshofer-Gedächtnis-Expedition zur Rupal-Flanke (1968): von links nach rechts: Expeditionsleiter K. M. Herrligkoffer (52), B. Kaltenbach (23), R. Votteler (25), G. Schnaidt (34), W. Schloz (28), S. Hupfauer (27); kniend von links nach rechts: P. Scholz (24), W. Dirmhirn (28), W. Theurer (27), R. Rosenzopf (27), G. Strobel (26).

Unten links: Begleitoffizier Capt. Tariq Mahmud – bester Freund aller Expeditionsmitglieder.

Unten: Die Rupal-Flanke von der Rupal-Nase aus gesehen.

Rechts: Am Eisschrund, der zur Wieland-Eiswand emporführt.

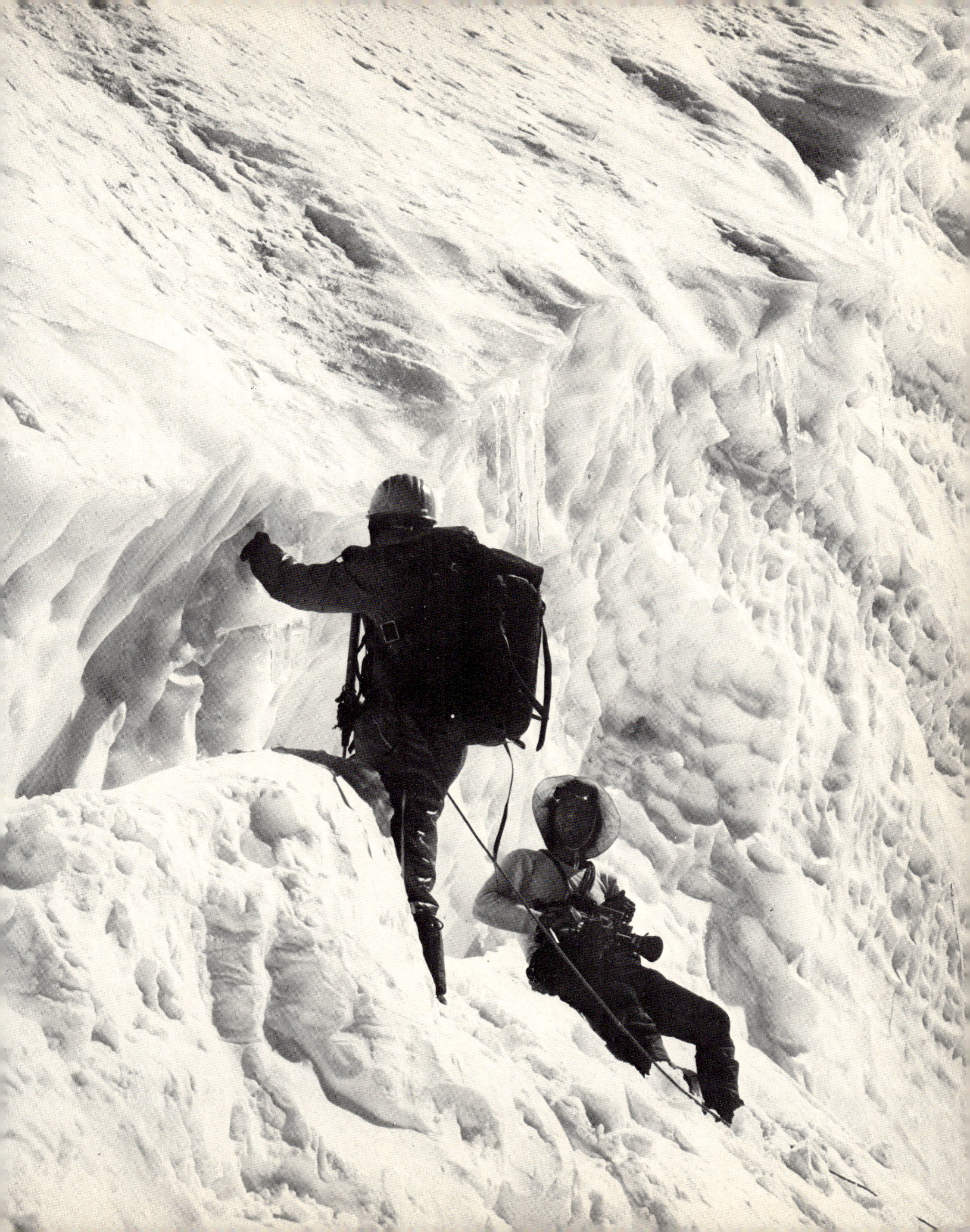

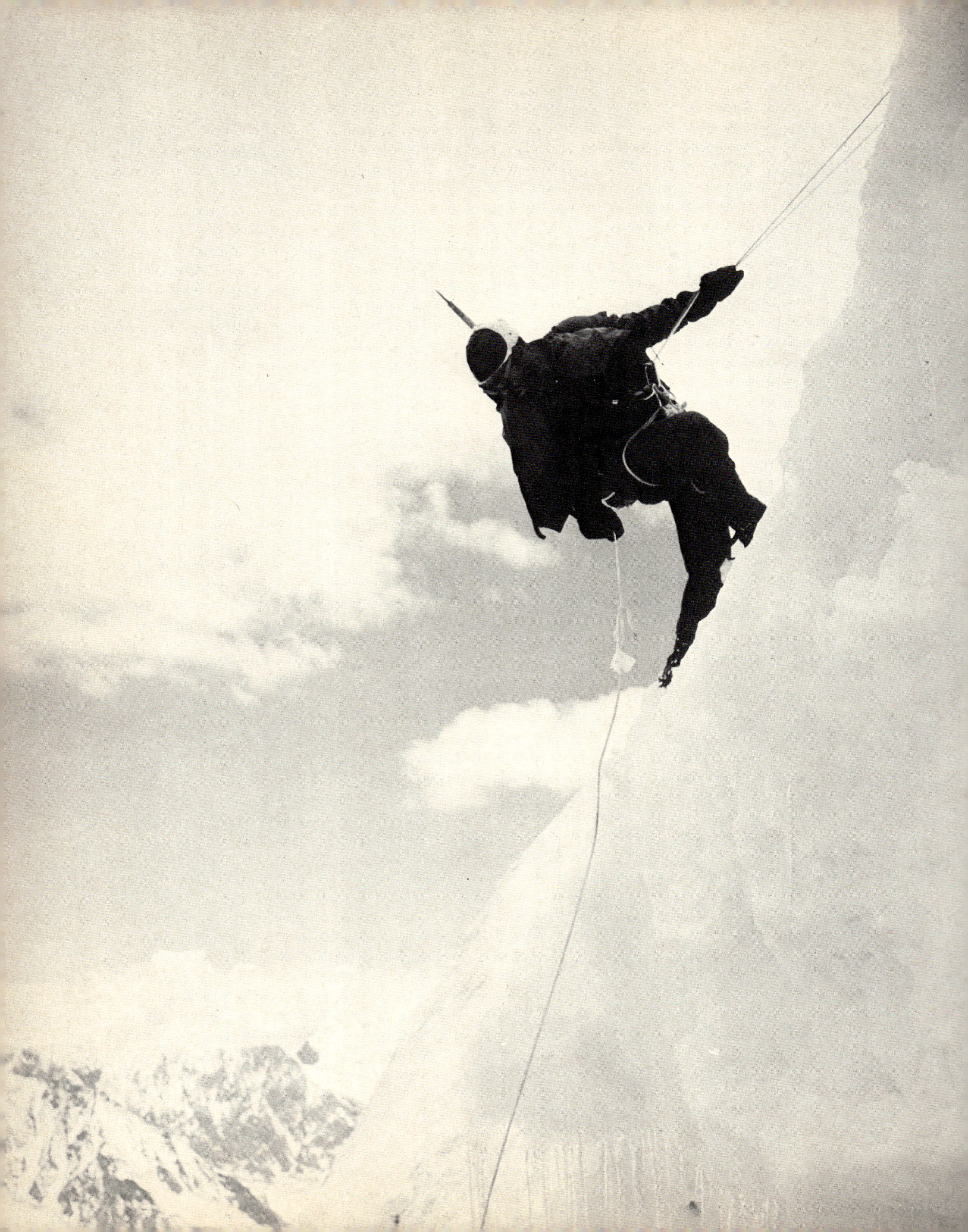

Zelte trommelt, fassen wir im Lager 1 den Entschluß, nun doch ins Hauptlager abzusteigen. Um 10 Uhr sind wir abstiegsbereit. Mit Lager 2 haben wir schon seit gestern, als unsere Teleportgeräte ausfielen, keine Verbindung mehr. Wir sind daher nicht wenig überrascht, als sich zur gleichen Stunde die 6 Mann starke Besatzung aus Lager 2 und dem darüber gelegenen Windenlager durch uferlosen, knietiefen Schnee von der Querung am Wieland-Gletscher herabkämpfen. Gemeinsam fahren und steigen wir dann über Steilhänge zur Felsrinne und weiter zum Hauptlager ab.

Unsere Sorge gilt jetzt den Kameraden in Lager 3. Doch noch im Laufe des Nachmittags können wir uns beruhigen. Auch sie haben das Warten satt und kämpfen sich deshalb durch die hochangewachsenen Schneemassen herab bis in das Hauptlager. Wie wir beim gemütlichen Zusammensein im Magazinzelt im Hauptlager dann erfahren, hatten die Kameraden an der Seilwinde das meiste Pech: Die Zelte waren eingestürzt und die Träger Hidayat Shah und Gohariat in Panikstimmung verfallen. Da blieb Schloz und Hupfauer nichts anderes übrig als fluchtartig abzusteigen – und dies am späten Abend! – Die Verhältnisse waren denkbar schlecht. Das Abseilen des ersten Trägers über die Eiswand kostete viel Zeit, und so wurde es Nacht, und das zweite Hochlager konnte nicht mehr erreicht werden. An der Randkluft unterhalb der Eiswand angekommen – es war bereits 20 Uhr –, baute schließlich Sigi Hupfauer eine Eishöhle, um dem sinnlosen Herumirren in Nacht und uferlosem Schnee ein Ende zu machen. Kaum war er fertig, hauten sich die beiden Träger der Länge nach hin und schliefen. Was blieb da den beiden Sahibs anderes übrig, als sich hockend in ihr Schicksal zu fügen, in ständigem Kampf gegen die Kälte in den steifkalten Zehen. Beim ersten Morgengrauen um 4 Uhr brachen sie auf und erreichten das 2. Hochlager in jenem Augenblick, in dem sich die Besatzung gerade auf den Abstieg durch den tiefverschneiten Gletscherboden des Wieland-Gletschers vorbereitete.

Vom 26. bis 30. Juni war das Wetter hier im Rupal-Tal und oben am Nanga Parbat unmöglich schlecht. Die Wolken hingen bis auf den Talboden herab – im Basislager regnete es – auf halber Höhe zum Lager 1 schneite es große, nasse Flocken. Die Zeltlager über 5000 Meter aber verschwanden mehr und mehr unter einer meterdicken Schneedecke. Unter diesen Umständen war es das Vernünftigste, ins Hauptlager abzusteigen, um dort die Zeit der Schlechtwetterperiode nützlich zu verbringen. Geregelte Mahlzeiten in einem sauerstoffreicheren, klimatisch gesünderen Milieu brachten allgemeine Erholung und verhinderten, daß die mühsam in die Hochlager geschleppte Verpflegung sinnlos verzehrt wurde. –

Unser Spezialwetterdienst aus Peshawar läßt am 30. Juni die Hoffnung auf eine Beruhigung der Wetterlage aufkommen. So stellen wir uns gleich auf einen abermaligen, allenfalls letzten Vorstoß in die Hochlager ein und bereiten den Angriff umgehend vor.

Am 1. Juli nachts 23 Uhr rauscht eine gewaltige Lawine die Rupalflanke herab. Ich trete vor das Zelt, aber die Nacht ist so schwarz, daß man einfach gar nichts erkennen kann. Nach einigen Minuten braust der erwartete Lawinensturm über das Hauptlager hinweg – dann herrscht wieder Ruhe. –

Am Morgen des nächsten Tages schaue ich beim Hellwerden aus dem Zelt und traue meinen Augen kaum: eine mächtige Lawinenzunge hat sich bis auf vier-

Links: Hidayat Shah – genannt der „Sepp" – seilt sich über die Wieland-Eiswand ab.

hundert Meter an das Hauptlager herangeschoben; dabei wurde auch der Aufstieg zum Lager 1 in breiter Front mit riesigen Eismassen überdeckt.

Um 19 Uhr waren Schnaidt, Rosenzopf und Theurer zum Lager 1 hochgestiegen. Sie mußten aber noch vor Abgang dieses gewaltigen Eisbruches das Lager 1 erreicht haben. – Ich wartete nun auf Funkspruch oder Bewegung auf dem Wieland-Gletscher. Funkspruch kommt keiner, aber nach 6 Uhr sehen wir 5 Mann im Aufstieg nach Lager 2. Dann kommt endlich auch die drei Mann starke Nachhut an der Querung zum Vorschein – es war also nichts passiert! – Es wäre zu schrecklich gewesen!

In den kommenden Tagen stehen zwei Dinge im Zentrum unserer Bemühungen – einmal der Ausbau des Akklimatisationslagers auf dem Welzenbach-Eisfeld – zum andern die Seilversicherung des zum vorgesehenen Lagerplatz 4 hinaufführenden Couloirs. Eine Gruppe von Bergsteigern und Hochträgern ist daher vorwiegend damit beschäftigt – trotz Strahlungshitze von 50 Grad – an der Eiswand Plastikbomben mit wertvollem Ausrüstungsmaterial in stundenlanger Kurbelarbeit hochzuziehen. Die Seilschaft Schloz-Scholz-Hupfauer, später verstärkt durch Schnaidt, sowie die beiden Hochträger Hidayat Shah und Gohariat steigen in der Nacht auf, um Lasten zum Lager 4 zu bringen. Schon tags zuvor hat Golikow und Strobel die von den Kameraden bereits begonnene Seilsicherung bis zu einem senkrechten, zehn Meter hohen Eiswandl, kurz unterhalb des letzten Lagers in direkter, steilster Linienführung weiter nach oben vervollständigt.

Die Sonne brennt, durch das Eis wie durch einen Hohlspiegel tausendfach verstärkt, unbarmherzig heiß herab. Nur mühsam und keuchend kämpfen sich die Bergsteiger nach oben. Mit letzter Kraft wird schließlich das letzte Bollwerk, das Eiswandl, erreicht. Lasten werden hochgehievt, und in den Abendstunden errichten Peter Scholz und Wilhelm Schloz bereits das 4. Hochlager in 6600 m Höhe. Ein Perlonzelt wird aufgestellt, die allernötigste Ausrüstung und Proviant für ein paar Tage werden deponiert. Der Haupttrupp steigt noch am frühen Nachmittag durch das Welzenbach-Couloir zum Lager 3 hinab.

In den frühen Morgenstunden des 8. Juli quält sich Golikow allein durch das Welzenbach-Eisfeld zum Lager 4 hoch. Er will zusammen mit den beiden Kameraden am nächsten Tag einen Gipfelvorstoß wagen. Aber Golikow ist nicht in bester Verfassung. Später schrieb er in sein Tagebuch:

»Schwer drückt der Rucksack auf die Schultern. Alle paar Schritte muß ich verschnaufen. Lange Rast am Grat. Ich könnte heulen, so mühsam geht es heute. Bald bin ich so ausgepumpt, daß ich glaube, es geht überhaupt nicht mehr weiter. Längst schon brennt die Sonne vom Himmel und verschlimmert noch die Erschöpfung. Quälender Durst. Ich suche in den Taschen nach Cardiazol, finde aber nur Pervitin. Lange zögere ich, dann aber schlucke ich 2 Tabletten, mache Rast und warte auf die Wirkung. Nichts! Langsam gehe ich weiter, erreiche den Felsen, lege das Seil anders um den Felsen herum, damit man alles im Eis steigen kann.

Schleppend langsam komme ich dem Eisblock oben näher. Der weiche Schnee setzt sich in die Steigeisen. Immer wieder rutsche ich durch. Um 12 Uhr endlich bin ich am Eiswandl. Wilhelm läßt mir von oben Steigbügel am Seil herunter. Mühselig, das letzte aus mir herausholend, schaffe ich schließlich auch noch dieses Hindernis. Wilhelm gibt Schützenhilfe. Er nimmt mir den Rucksack ab. Endlich! Ich schmeiße mich hin! Dann schleppe ich mich noch die letzten Meter zum Zelt hoch. Von Peter Scholz bekomme ich etwas zu trinken. 6600 m sind erreicht. Frei scheint der Weg zur Merkl-Rinne. Alles so nahe und doch sind es noch 800 Höhenmeter.

Kaum zu glauben. Schwarzblauer, klarer Himmel über uns. Von Süden her zieht schweres Gewölk auf. In der letzten Nacht Wetterleuchten von draußen. Immer wieder blitzt es im Gewölk. Der Monsun? – Inshallah! –

9. Juli: Noch ist bei uns das Wetter gut. Um 7 Uhr 30 hat Schnaidt mit Hidayat Shah zwei Lasten bis unter die Eiswand hinaufgeschleppt. Mit großer Anstrengung ziehen wir die nicht leichten Lasten herauf. Die Höhe macht jede Bewegung doppelt mühsam. Dann legen wir uns wieder lang. Kochen, Trinken, Essen. Gegen Nachmittag einzelne Graupelschauer. Vor dem Zelt ist dichter Nebel. Am Abend klart es auf, und um 18 Uhr 30 brechen wir dann auf, in Richtung Merkl-Rinne. Tiefer, weicher Schnee macht den Weg zur Qual. Alle paar Schritte wechseln wir in der Führung. Gegen 20 Uhr 30 ist es bei mir aus. Ich kann nicht mehr! Das Herz schlägt wie wild. Die Füße scheinen nur noch Eisklumpen zu sein. Die Kameraden nehmen mir das Seil ab; sie wollen eine steile Eiswand angehen, wollen abkürzen. Ich steige wieder ab, es geht nicht mehr anders. Kurz vor 21 Uhr bin ich wieder im Zelt, das halb zugeweht ist. Ich greife zum Funkgerät und erkläre dem Doktor die Lage. Ich bin völlig deprimiert, reiße die Schuhe von den Füßen und massiere die Zehen. Dann schmelze ich Schnee. Das gewonnene Wasser ist warm, dann kippt mir aber der Topf um. Dasselbe nun noch einmal. Um Mitternacht ist das Teewasser heiß, meine Zehen bekommen wieder Gefühl. Völlig erschöpft schlafe ich ein.« –

Wilhelm Schloz und Peter Scholz aber kämpfen sich weiter das Merkl-Eisfeld hoch. Das fahle Mondlicht schenkt genügend Helligkeit. Um Mitternacht erreichen die beiden in 7100 m Höhe eine Eisspalte, die sich quer durch das Eisfeld zieht – es ist dies die letzte Randkluft vor der felsigen Merkl-Rinne, die 300 m höher beginnt. Schloz hat Schmerzen in seinen angefrorenen Zehen, und so entschließen sich die beiden zum Biwak in der Randkluft.

Die ganze Nacht über fegt Höhensturm feine Eiskristalle über die Steilflanke. Das ausgesetzte Biwak ist bitterkalt.

Wilhelm Schloz beschrieb sein Erlebnis vom 10. Juli mit folgenden Worten:

»Wir schlafen kaum in dieser Nacht. Zunächst versuchen wir, den Kocher in der Hand haltend, etwas warmes Wasser zu machen. Später lassen wir ihn zur Erwärmung brennen, aber dadurch bekommen wir im Biwaksack noch weniger Sauerstoff und schlafen beinahe ein, was nicht ungefährlich wäre. Ich muß mich ständig an der jenseitigen Wand der Spalte abstemmen, was auf die Dauer viel Kraft kostet. Später machen wir nochmals den Kocher an. In den Füßen habe ich kein Gefühl mehr, versuche krampfhaft die ganze Nacht Zehengymnastik zu machen, ohne Erfolg. Die Finger werden allmählich wieder warm. Es ist ziemlich kalt, eine wirklich ungemütliche Nacht.

Donnerstag gegen 6 Uhr sind wir zum Aufbruch fertig. Schwierige Diskussion mit Peter, denn er will alleine weiter. Ich will meiner angefrorenen Füße, des mäßigen Wetters und der mangelhaften Ausrüstung wegen zurück, obwohl es mir konditionell gut geht. Peter will aber zunächst allein weiter. – Ich rede auf ihn ein, bis er schließlich meine Gründe einsieht. Er kehrt mit mir um.

Riesige Steinblöcke kommen, wir hechten gleichzeitig in unsere Spalte. Neunzig Meter abseilen, und nach zwei Stunden kommen wir im Lager 4 an. Golikow steht dort gerade auf, kocht uns etwas, massiert meine Füße. Jetzt mache ich mir Vorwürfe, ob ich hätte nicht doch mehr riskieren sollen.« –

Der weitere Vorstoß von Lager 4 aus hängt davon ab, ob die Spitzenmannschaft von Lager 3 aus mit Lebensmitteln und Ausrüstung, vor allen Dingen mit Seilen und

Haken versorgt werden kann. Alle Überlegungen, wie man den weiteren Vorstoß zur Merkl-Rinne hin begünstigen könne, sind aber durch ein plötzliches Ereignis in der Eiswand völlig in den Hintergrund gedrängt. Alle unsere Gedanken beschäftigen sich jetzt ausschließlich mit der Situation am Eisschrund über Lager 2. Dort hat sich nämlich morgens gegen 9 Uhr Günther Strobel beim kühnen Sprung über die vier Meter hohe Randkluft den Fuß gebrochen.

Captain Tariq schreit: »Don't jump!« Aber Strobel versteht kein Englisch und weiß mit dem Warnruf des Begleitoffiziers nichts anzufangen – und er springt – aber so unglücklich, daß er sich den linken Unterschenkel kompliziert mehrfach bricht. Um seinen stürzenden Körper vor einem Abgleiten in den Abgrund zu bewahren, hechtet ihm der Hochträger Hidayat Shah geistesgegenwärtig nach und rettet ihn vor dem Absturz. Sigi Hupfauer, ein versierter Bergwachtmann, macht aus Stöcken eine Behelfsschiene, dann eine Paketverschnürung und legt den Verletzten schließlich auf eine Luftmatratze. Günther Strobel bekommt Morphium. Nun beginnt ein äußerst schwieriger Abtransport! Alle verfügbaren Kräfte zwischen Lager 1 und Lager 3 werden benötigt und sind voll eingesetzt. Sechs Stunden dauert das Abseilen des Verletzten bis zum nahe gelegenen Lager 2. Weitere acht Stunden nimmt die gefährliche Passage am Wieland-Felsen entlang in Anspruch. Es ist Mitternacht – von allen Kameraden wird Übermenschliches verlangt und geleistet, doch am nächsten Morgen ziehen die Hunza-Träger voll Stolz auf die geleistete Arbeit mit dem Verletzten ins Hauptlager ein. Strobel ist gerettet!

Sigi Hupfauer hat einen der schwierigsten Abtransporte im Himalaya glänzend gemeistert. –

An einen Aufstieg zum Gipfel ist aber unter den gegebenen Umständen nicht mehr zu denken. Die im Hauptlager versammelte Mannschaft steht noch unter dem Schock des Unfalls und ist nicht mehr in der Lage und willens, zum vierten Mal in die Wand einzusteigen, um Versorgungsmaterial zum Lager 4 hinaufzuschleppen. Günter Schnaidt und Hidayat Shah, die einzigen, die noch für eine Unterstützung der Besatzung von Lager 4 in Frage kommen, fühlen sich nicht mehr in der körperlichen Verfassung, um noch ein drittes Mal zum Merkl-Eisfeld hochzuklettern. Somit ist die Entscheidung gefallen! Ich blase zum Rückzug und Abbruch der Expedition und funke zu Peter Scholz, der sich noch in Lager 4 befindet, er möge alles zurücklassen und am Morgen des 12. Juli nach Lager 3 absteigen. Damit beginnt die Räumung des Berges und die Vorbereitung für den schwierigen Abtransport des Verletzten. Auf einer Bahre wird er aus dem Rupal-Tal hinausgetragen. In Rampur stehen die Jeeps bereit, um den Verletzten umgehend nach Gilgit zu fahren. –

Der Toni Kinshofer-Gedächtnis-Expedition (1968) war zwar der Gipfelerfolg an der Rupal-Flanke nicht beschieden, aber sie war deshalb durchaus nicht »gescheitert«. Es gelang ihr, 3500 Meter der gigantischen Rupal-Flanke erstmals zu durchsteigen und die ganze Strecke durch fixe Seile auch für die Hochträger gangbar zu machen.

Meine Erwartungen hatten sich also bestätigt: die Rupal-Flanke ist besteigbar – über den »Toni-Kinshofer-Weg« – aber auch auf der von mir 1963 entdeckten »Direttissima«!

Erfolg an der Rupal-Flanke

Die bergsteigerischen Probleme an der Rupal-Flanke waren mir nun hinreichend bekannt. Ich wußte, wo die einzelnen Lager gesetzt werden müssen – daß wir durch den Materialschlepplift über die Wieland-Eiswand eine ausreichende Versorgung des Akklimatisationslagers erreichen – daß wir aber das Hochlager 2 näher an die Talstation, also um ein- bis zweihundert Meter höher hinauf verlegen müßten, um die Plastikbomben bereits in unmittelbarer Nähe von Lager 2 an dem auf 300 Meter verlängerten Zugseil der Aufzugswinde befestigen zu können. Es war geplant, das Hochlager 4 höher zu legen, d. h. in den Gletscherbruch im unteren Merkl-Eisfeld. Am Einstieg zur Merkl-Rinne sollte dann in 7350 Meter Höhe lediglich ein Biwakzelt als letztes Lager vor dem Gipfel aufgebaut werden.

Die Erfahrung von 1968 sagte mir, daß wir am Berg selbst bei bester Bergsteiger-Besetzung mit Ausfällen rechnen müßten, und daher sollte die Mannschaft 1970 möglichst stark werden.

Eine starke Mannschaft

Die Sigi Löw-Gedächtnis-Expedition zur Rupal-Flanke des Nanga Parbat im Jahre 1970 sollte aus deutschen, Nord- und Südtiroler Bergsteigern zusammengesetzt sein. Zunächst waren auch die beiden Österreicher Peter Habeler und Sepp Mayerl als Teilnehmer vorgesehen. Habeler aber ging im Dezember 1969 nach Amerika, um dort eine Familie zu gründen, und Mayerl teilte mir am 30. November 1969 mit, daß er zur österreichischen Lothse Shar-Expedition überwechseln werde. Während dieser Expedition erreichte er als einer der wenigen auch den Gipfel dieses Achttausenders. – Um die Mannschaftsstärke halten zu können, suchte ich nach einem Ersatzmann und fand ihn in Reinhold Messners Bruder Günther.

Am 19. Oktober 1969 hatten wir das erste große Teilnehmertreffen im Institut an der Plinganserstraße 120a in München. Außer einem Teil der späteren Mannschaft erschienen zu diesem Treffen noch Wilhelm Schloz, der Teilnehmer von 1964 und 1968, und die Österreicher Traugott Zint und Robert Kittl. Letzteren störte es, daß dem Institut, das für alle Unkosten der Expedition aufkommt, die Urheberrechte an Fotomaterial zugesprochen werden – und wir dennoch von jedem Teilnehmer einen Eigenbetrag von DM 3000,– erwarten. Dieser Beitrag der Teilnehmer wird aber, wie die Vorgeschichte aus anderen Expeditionen zeigt, nur sehr selten, und auch dann nur zum kleinsten Teil von Teilnehmern selbst aufgebracht, sondern setzt sich zusammen aus Fahrtenzuschüssen seitens alpiner Vereinigungen, aus Beiträgen der DAV-Zentrale, der Stadt- oder Gemeindeverwaltungen, der Gewerkschaft, der Betriebe oder aus Sammlungen mit Expeditionsgrußkarten, die jedem Teilnehmer auf seinen Eigenbetrag angerechnet werden.

Da Robert Kittl nicht einzusehen schien, daß trotz des geforderten Eigenbeitrages der Gesamtkostenaufwand von durchschnittlich DM 14 000,– für die geplante Expedition nur einen Bruchteil der Unkosten deckte, schloß ich ihn aus der Expeditionsgemeinschaft aus. – Rückblickend aber war sein Verhalten doch noch aufrichtiger als jenes, die Expedition mitzumachen, alle Rechte für sich in Anspruch zu nehmen und nach über einem Jahr schließlich den am 19. Oktober 1969 unterzeichneten Expeditionsteilnehmervertrag zu kündigen – wie dies von Reinhold Messner vorpraktiziert wurde. Am 3. Juni 1970 kündigte auch Günter Kroh aus Ulm den Expeditionsteilnehmervertrag. Dies hatte ihn aber nicht gehindert, nach seiner Rückkunft aus Pakistan, wo er wegen des Lastwagenverkaufs noch ein paar Wochen im Beach Luxury Hotel in Karachi mit anderen Kameraden zurückgehalten worden war, einen »Verdienstausfall« von DM 2000,- zu fordern, obwohl er noch gar keine Arbeitsstelle angetreten hatte! – Dies zur Vor- und Nachgeschichte des viel diskutierten Teilnehmervertrages, der einen prozentual festgelegten Betrag aus der Auswertung von Publikationsrechten der gemeinnützigen Stiftung »Deutsches Institut für Auslandsforschung« – München – zuspricht.

Zur Ausreise der Expedition bestand die Mannschaft aus 18 Mitgliedern. Expeditionsleiter, Arzt und 2. Kameramann: Karl M. Herrligkoffer. Stellvertretender Expeditionsleiter ist wieder der Bergführer Michl Anderl aus Bad Tölz. Die übrigen deutschen Teilnehmer sind: Alice von Hobe, Apothekerin aus München, für die Durchführung medizinisch-wissenschaftlicher Aufgaben verantwortlich – Peter Scholz, der 1968 bereits die Höhe von 7100 Metern an der Rupal-Flanke erreicht hatte, Gerhard Mändl und Hans Saler, alle aus München – Günter Kroh aus Ulm – Dr. Hermann Kühn aus Heidelberg – Jürgen Winkler, der bekannte Bergfotograf, aus Frankfurt. Im Laufe des März werden noch Wolf-Dietrich Bitterling, Berchtesgaden, Peter Vogler aus Mittenwald-Luttensee und als 1. Kameramann Gerd Baur aus Friedrichshafen in die Expeditionsgemeinschaft aufgenommen.

Albert Bitterling, der Hüttenwirt vom Watzmannhaus, übernimmt die Vorbereitungen für die Transportkolonne, denn wir wollen es der Alpenvereinsexpedition vom Vorjahre nachmachen und im Hinblick auf den immer noch gesperrten Suez-Kanal die Expedition per Lastwagen nach Kaschmir schicken.

Die übrigen Expeditionsteilnehmer wurden von Rudl Marek empfohlen, einem bewährten Expeditionskameraden und langjährigen Mitarbeiter in allen Institutsangelegenheiten. Er brachte mich mit den beiden Tiroler Bergführern Werner Haim und Felix Kuen zusammen. Beide sind hochqualifizierte Bergsteiger und hatten bereits Expeditionserfahrung.

Ein Novum in der Geschichte unserer Himalaya-Unternehmungen: Wir nehmen einen Expeditionsgast mit, er heißt Max von Kienlin, ein Enthusiast, der einmal mit auf eine große Expedition gehen will; als Äquivalent legt er mir einen Scheck von beeindruckender Höhe auf den Tisch, der es mir ermöglicht, die Mannschaft um einen weiteren Bergsteiger zu verstärken.

8 Tonnen Gepäck

Wir waren darauf bedacht, die Ausrüstung und Verpflegung möglichst großzügig zu halten, damit wir bei einer eventuellen Verzögerung des Expeditionsablaufes durch Schlechtwetterperioden nicht aus Mangel an dem oder jenem beeinträchtigt werden könnten. Es ist für manchen Himalaya-Aspiranten vielleicht von Interesse, was eine solche Expedition alles dabei haben soll, und so will ich im Telegrammstil die gesamte Ausrüstung und Verpflegung aufführen.

Um die Mannschaft einschließlich der Hochträger und Anmarschträger ärztlich versorgen und entsprechende Leistungstests durchführen zu können, führt die Expedition noch mehrere Kisten an Medikamenten und Gerätschaften für höhenphysiologische Studien (z. B. Cardioscript) mit sich. – Hinzu kommen noch eine Reihe von Sauerstoffgeräten. Sie dienen nur der Behandlung Höhenkranker und sind nicht zum Steigen gedacht, denn es ist bei den sog. »niederen« Achttausendern –

man rechnet dazu jene bis 8300 Meter – nicht erforderlich, daß man unbedingt mit einem schweren Sauerstoffgerät hochsteigt. –

Die Liste der Ausrüstung endet schließlich mit einer Aufstellung des gesamten Foto- und Filmmaterials und der dazu erforderlichen Kameras.

Verpflegung für 18 Teilnehmer und 15 Hochträger

Milchprodukte:
 35 kg Milchpulver
160 Dosen Milch
 20 Flaschen Kakaomilch
 10 kg Quarkpulver
 70 kg diverse Käse
100 Dosen Butter
  5 kg Fett

Brot und Kuchen:
150 kg Mischbrot
 20 kg Knäckebrot
 50 kg Zwieback
 30 kg Kuchen in Dosen

Lebensmittel:
 70 kg Teigwaren
 40 kg Püree
 40 kg Knödeln
 25 kg Reis
 10 kg Grieß
 20 kg Haferflocken
 15 kg Mehl
 50 kg Ritter's Müsli
  2 kg Puddingpulver in Einzelbeuteln
 50 Dosen Ovomaltine
 20 kg Kaba
 80 Dosen Lemavit
 20 kg Bahlsen-Kraftnahrung
 10 Dosen Malzin
 10 Dosen Malzofin
 20 Dosen Biomalz
 20 Pakete Eiweißpräparate (Glidine)
 50 kg Zucker
 10 kg Kristallzucker

Gemüse:
 50 Dosen Sauerkraut
250 Dosen diverse Gemüsekonserven
 10 Dosen Champignons
  5 kg Steinpilze, getrocknet

Obst:
180 Dosen diverse Obstkonserven
 50 Dosen Apfelmus
 50 Beutel Mischbrot mit Nüssen
 50 Beutel Dörrobst (Aprikosen, Pflaumen, Birnen, Apfelschnitzel)
 10 kg Sultaninen
  5 kg Haselnüsse

Fleisch, Wurst und Fisch:
 50 kg diverse Fleischkonserven
 50 kg diverse Wurstkonserven
 20 Dosen Ochsenmaulsalat
 20 kg Geräuchertes
250 Dosen Fertiggerichte
100 kg Fisch in Dosen

Suppen:
 60 Dosen Schildkrötensuppe
150 Dosen Hühnersuppe
 30 Dosen Gulaschsuppe
  1 kg Hühnerbrühe
 10 kg diverse Suppen in Einzelbeuteln

Gewürze:
 10 kg Salz
 10 Dosen Sonnenblumenöl
  5 Flaschen Essig
 30 Tuben Meerrettich
 40 Tuben Senf
 50 Dosen Tomatenmark
 15 kg Gewürzgurken,
    diverse Gewürze

Süßigkeiten:
400 Tafeln Schokolade
 10 kg Traubenzucker
  1 kg Vivil
  5 Dosen Fruchtzucker
 10 kg diverse Bonbons
  2 kg Atemgold
 80 kg Bahlsen-Keks
 48 Pischinger Pasteten
 10 Dosen Nußcreme

Getränke:
  5 l Eierlikör
  50 l diverse Schnäpse (für Hochträger)
  800 Dosen Bier
  100 Dosen Sinalco-Cola
  10 l Himbeersirup
  3 kg Frigeo Brausepulver

Ausrüstung für 18 Teilnehmer und für 15 Hochträger (einschl. Reserve)

  6 Großzelte
  6 3-Mann-Zelte
  32 2-Mann-Zelte
  3 Überdächer
  6 Plastikplanen
  2 Stoffplanen 4 × 6 m
     Reservegestänge, Häringe, Firststangen und Zeltstäbe
  44 Luftmatratzen
  40 Schutzhelme
  60 Schals
  30 Stirnbänder
  60 Wollmützen
  110 Paar Fäustlinge
  160 Paar Handschuhe
  20 Paar Himalayaschuhe
  40 Paar Bergschuhe
  60 Paar Baseballschuhe
  35 dicke Pullover
  35 dünne Pullover
  35 Trainingsanzüge
  120 Paar Socken
  50 Anorak
  90 Garnituren Unterwäsche
  90 Flanellhemden
  40 Berghosen
  30 Daunenjacken
  22 Daunenhosen
  18 Überanzüge
  50 Wolldecken
  40 Daunenschlafsäcke
  18 Leicht-Schlafsäcke
  20 Rucksäcke
  15 große Rucksäcke
  60 Gletscherbrillen
  60 Sonnenbrillen
  40 Paar Gamaschen
  36 Hosenträger

Allgemeine Ausrüstung:

1500 m Stahlseil 4 mm
 800 m Stahlseil 3 mm
   1 Stahlseilgerät (Winde) mit Seilbremse und Zubehör
   1 Greifzug
4500 m Reepschnur 7 mm
  15 Bergseile à 40 m
   4 Bergseile à 90 m
  12 Steigbügel Jumarbügel
   1 Perlonleiter
   2 Strickleitern à 10 m
   2 Aluleitern à 3 m
   4 große Schaufeln
   6 Lawinenschaufeln
  20 Lawinenschnüre
   6 Lawinensonden
1000 m Perlongurte 20 mm
  24 Paar Steigeisen
 150 diverse Felshaken
 100 Eishaken
  60 Eisschrauben
  30 Bohrhaken und Bohrer
 200 Karabiner
   6 Eishämmer
  30 Eispickel
  15 Eisbeile
  40 Paar Skistöcke
   6 Sturmlampen
  10 Stirnlampen
  18 Skibrillen – Carrera
   6 Plastiktonnen 60 l (Kautex)
  60 kleine Transportsäcke
   2 Traggestelle
 100 Pakete Zündhölzer
   4 Pakete Sturmhölzer
   2 Spezial-Klebebänder (Beiersdorf)
   1 Bund Schuhriemen
 500 Tempotücher
 300 WC-Papier
  20 Beutel Lederfett (Collonil, Tirowa)
 120 Hang-Schlösser
  30 edding-Tuschestifte
 100 Wachskerzen
  10 Paralpuder
   3 Ballistol-Öl

4	Paralsprühmittel	6	Kochlöffel
60	Taschenmesser	10	Salzstreuer
30	Bestecke	6	Teeseiher
40	Messer	5	Tee-Eier
40	Löffel	4	Plastikwaschschüsseln
5	Küchenmesser		Seifen, Wasch- und Spülmittel
40	Teller	12	Küchentücher
90	Eßnäpfe	10	Waschbürsten
60	Tassen	15	Gaskocher
80	Plastikbecher	20	Gasflaschen
60	Dosenöffner	150	Gaskartuschen
7	Plastikeimer	5	Gaslampen
25	Kochtöpfe	6	Gläser für Gaslampen
6	kompl. Kochgeschirre	4	kg Esbit
6	Wasserkannen	10	Esbitkocher
10	Teekessel	10	Enderskocher
3	große Drucktöpfe (6 l)	6	Phöbuskocher
2	kleine Drucktöpfe (4 l)	2	Petroleumkocher
6	Bratpfannen	1	Petromax-Lampe
10	Schüsseln	50	1/2 l Lupolinflaschen
5	Schöpflöffel	50	1 l Lupolinflaschen
6	Trichter und 6 Meßbecher	2	Beile
6	Thermostöpfe Ess-Thermos	2	Sägen
24	Thermosflaschen	7	Sauerstoffmasken m. Manometer
2	Plastikseiher	30	Sauerstoffflaschen

Die Ausreise

Die Expeditionsgemeinschaft wird in eine »fahrende« und in eine »fliegende« Gruppe eingeteilt. Albert Bitterling, mein Expeditionskamerad von 1953 und 1954, übernimmt das Kommando, und mit ihm sind 12 Teilnehmer auf dem Wege zum Nanga Parbat.

Nach einem fröhlichen Beisammensein im Grützner-Stüberl im Rathaus verabschiedet uns Oberbürgermeister Dr. Hans-Jochen Vogel.

Unsere 3 Lastwagen – rot, blau und grün lackiert – stehen mit Zollnummern versehen bereits im Hof des Rathauses am Marienplatz, startbereit für eine 7500 km lange und 3 Wochen dauernde Fahrt nach dem Orient. Lassen wir nun Albert Bitterling selbst von seinen Erlebnissen auf dieser Fahrt erzählen.

Mit Lastkraftwagen von München zum Himalaya

»Inshallah« – rufe ich meinen 12 Kameraden zu, als wir am 8. April 1970 von München auf die Reise nach Pakistan gehen. »So Gott will« werden wir die rund 7500 km bis Rawalpindi unbeschadet hinter uns bringen. Noch ist alles offen – das Abenteuer beginnt.

Die Sigi Löw-Gedächtnis-Expedition zur Rupalflanke des Nanga Parbat (Dr. Herrligkoffer) hat ihre gesamte Ausrüstung mit 320 Gepäckstücken im Gewicht von 9 Tonnen auf 3 MAN-Lastwagen vom Typ 415 verladen. Das Werk hat uns in großherzigem und hilfsbereitem Beistand die Gebrauchtfahrzeuge überlassen. Die 10 Jahre alten LKW waren zuvor gründlich überholt und auf fast neu getrimmt worden. Auf den Außenwänden prangte groß die Aufschrift »German Himalayan-Expedition to Nanga Parbat«. Die Kolonne, begleitet von einem VW-Bus, erregte schon bei der Durchfahrt in München einiges Aufsehen. Ein skeptischer Straßenpassant fragte, ob wir mit »den Kübeln« wirklich bis zum Nanga Parbat fahren wollten. Ja, wir wollten nicht nur, sondern wir schafften es auch, sogar genau nach Zeitplan.

Die Fahrzeuge wurden von 3 Expeditionsteilnehmern gesteuert. Es waren keine Berufsfahrer. Als wir um die Mittagszeit bei Salzburg die deutschen Lande hinter uns ließen, waren die LKW-Kapitäne mit ihren schweren Brocken schon einigermaßen vertraut.

Die erste Tagesstrecke mit 425 km ging in der Nähe von Graz zu Ende. Am nächsten Tag wird es balkanisch! Etwas zögernde Zollabfertigung am jugoslawischen Schlagbaum, DM 300,— Straßenbenützungsgebühr. Wir fahren nicht auf der sogenannten Autobahn über Zagreb nach Belgrad, sondern folgen der Empfehlung des jugoslawischen Informationsbüros, die Nordroute durch Kroatien über Varazdin – Osijek zu benützen. Die ersten 80 km mit tiefen Schlaglöchern, Aufbrüchen, meilenweit zerstörter Asphaltdecke hinterlassen keinen guten Eindruck, bis dann eine zweispurige Teerstraße mit zahllosen Ortsdurchfahrten eine zügige Fahrweise erlaubt. Immer ist Vorsicht geboten, auch wegen der unberechenbaren Verkehrsteilnehmer. Man fragt sich, wofür die Jugoslawen eine Straßensteuer erheben, wenn selbst die vielbefahrenen Durchgangsverbindungen so arg vernachlässigt sind. Zwischen Vukovar und Sid an der Einmündung zur Autobahn (zweispurig) noch einmal auf 15 km Schlagloch an Schlagloch auf der ungeteerten Straße (1. Gang!). In irgendeinem kleinen Nest hält ein Polizist den letzten LKW an und beschuldigt den Fahrer eines Verstoßes gegen die Straßenverkehrsordnung. Er verlangt 10 Dollar Strafe, sofort zu zahlen, bei Widerspruch Protokollaufnahme in der Polizeistation 10 km zurück. Der Fahrer zahlt und verlangt eine Quittung. Der Polizist aber steigt in seinen VW-Streifenwagen und braust ab.

Nach Belgrad mit seiner komplizierten Durchfahrt (viele Baustellen, sehr betriebsam) ist die Straße bis Nis gut, auch in den Steigungen; 30 km vor der bulgarischen Grenze wieder schlecht, aber die MAN nehmen alles ohne Mucken hin. Die bulgarischen Straßen sind eine Freude, vierspurige Autobahn bis Sofia. Wir fahren bei Dunkelheit durch die Hauptstadt (schade!) in Richtung Plovdiv. An den bulgarischen Grenz-Ein- und Ausgangsstellen rasche, höfliche, zuvorkommende und korrekte Abfertigung, die Bevölkerung freundlich, preiswerte Leistungen.

In Kapikule, der türkischen Grenzstation, wird es drollig. Der Zolldirektor hält uns trotz Empfehlungsschreiben und Regierungsanweisung mit undurchschaulichem Formalismus 7 Stunden auf. Vielleicht mochte der Herr uns nicht! – in Ankara konnte ich meine Eindrücke der rechten Stelle vermitteln! Wir fahren dann noch bis tief in die Nacht hinein in Richtung Istanbul, das wir am folgenden Morgen erreichen. Vor den Toren der Stadt liegt an der Autobahn die MAN-Werksvertretung. Hier sind wir mit dem Werkstattleiter verabredet, der uns bis Ankara begleiten wird. Die Kontaktaufnahme klappt auf die Minute. Um 8.30 Uhr setzen wir über den Bosporus und betreten bei Uesküdar asiatischen Boden. Die 420 km auf sehr guter Straße über 3 bis zu 1500 m hohe Pässe bringen uns in das inneranatolische Hochland nach Ankara. Hier gehen die Fahrzeuge in die Inspektion, die mit vorbildlicher Gründlichkeit in zwei Tagen durchgeführt wird. Die Fahrzeuge werden den Anforderungen der nun folgenden schwierigen Strecken angepaßt, denn Sand, Staub, Hitze, Rüttelstraßen, hohe Pässe lassen einiges erwarten. Als am Nachmittag des 14. April der Konvoi aus der Werkstatt rollt und die Fahrt nach Osten fortsetzt, haben wir das beruhigende Gefühl und die Zuversicht, daß uns technisch mit unseren MAN nichts mehr passieren kann. »MAN« sagen die Türken zu den drei Buchstaben, die für sie offenbar ein gängiger Begriff sind, denn hier beherrscht im Lastverkehr unübersehbar MAN das Feld.

Im Hochgefühl des neuen Fahrzeugglanzes nehmen wir die sogenannte Mittelroute über Siwas nach Erzerum unter die Reifen. Die Straße ist gut (Rauhasphalt), aber Baustellen zwingen zur Umleitung nach Norden über 3 Pässe bis zu 1930 m Höhe (Schotterstraße, enge Kurven). Ab Refahiye folgen 50 schlechte Kilometer (Löcher, Wellblech). Auch von Erzincan bis Erzerum (200 km) ist es eine einzige Schotter- und Rumpelstrecke – und Staub, Staub! Fluviale Landschaft. Weiter im Staub und Gerumpel der mäßigen Straße über den 2470 m hohen Paß Tahir nach Agri im ostanatolischen Hochland; dünn besiedelt, ärmliche Lehmhütten, Steppencharakter, auffällig viele Militärlager; die russische Grenze ist nahe.

In Dogubayazit, am Fuße des biblischen Ararat (5165 m), der als imposante Kuppe aus der Hochebene aufragt, beziehen wir Quartier. Landschaftlich schöner ist wohl die Schwarzmeerroute von Ankara nach Samsun – Trabzon und Erzerum. Man sagte uns aber, die Strecke sei schwieriger, weil drei hohe, steile Pässe über das Pontische Gebirge zu bewältigen wären und die Straße viele Baustellen habe. Der Schwerlastverkehr Iran–Europa geht aber über die Mittelroute (Siwas), auf der beachtlicher Betrieb herrscht. Die anspruchsvollen 470 km Tagesstrecke haben wir ohne Zwischenfall abgefahren. Wir haben uns längst angewöhnt, um 5 Uhr zu starten und bis zum Anbruch der Dunkelheit zu fahren. Nachts stellen wir die LKW und den VW-Bus zu einer Wagenburg auf, und in jedem Führerhaus schläft abwechselnd einer der Beifahrer. Frühstück meist aus eigenen Beständen, ebenso Mittagsrast irgendwo am Straßenrand, abends Essen in Hotelunterkunft unterschiedlicher Qualität, mal bestens und mal bescheiden, je nach Lage. Wir waren im Durchschnitt täglich 14 Stunden auf der Achse. Für die Fahrer, die ohne Ablösung am Lenkrad saßen, eine beachtliche Leistung, wenn man an die ungewöhnlichen, wechselhaften Straßenverhältnisse und an die landschaftlichen und klimatischen Besonderheiten denkt. Aber keiner der Reisenden fühlte sich überfordert und körperlich zu sehr belastet. Die meisten Teilnehmer benutzten die Pausen während der Fahrt auch zu Lauftraining und Bewegungssport. Am Ende der Reise waren alle Expeditionsmitglieder in bester Verfassung. Die Fahrer und Beifahrer hatten in den Führerhäusern der LKW ausreichend Platz, also bequeme Sitz- und Ruhemöglichkeit. Abends gab es meist ein Geriß um die Einteilung als »Wachhund« in dem rasch zur Schlafkabine umgestalteten Führerstand. Mit meinen Begleitern bin ich der Meinung, daß wir in einem Überlandomnibus nicht besser gereist wären. Wir fanden es geradezu komfortabel.

An der persischen Grenze schnelle Zollabfertigung; wir haben uns auf die diplomatische Vorarbeit unserer Botschaft und auf die Empfehlungsschreiben der iranischen Regierung berufen können. Die 270 km nach Täbriz in der Provinz Aserbeidjan sind auf der sehr guten, breiten Straße kein Problem. Immer wieder wird unser Konvoi bestaunt und umlagert. »Aleman, gut« ist das umlaufende Stichwort.

Nach einem turbulenten Tag fahren wir am 18. April abends in Teheran ein. Verwirrend die Straßenzüge in der Zweimillionenstadt, quälend der Lärm, die ständige Huperei, die an keine festen Regeln gebundene Fahrweise, armselige Behausungen und Paläste dicht nebeneinander, die Gerüche – Orient, bunt und schön und auch abstoßend. Wieder gehen die MAN in die Werkstätte zur Wartung. Den restlichen 2500 km sehen wir dann mit Gelassenheit entgegen, denn um unsere Renner brauchen wir nicht zu bangen.

Von der Deutschen Botschaft in Teheran erhalten wir jeden diplomatischen Beistand für die Weiterfahrt. Der Botschafter Freiherr von Lilienfeld gibt uns nachmittags einen Empfang in seiner Residenz. Wir bekommen wertvolle Streckeninformationen und persönliche Kontakte. Ab morgen sind wir 14 Mann: Der MAN-Pressechef Graf von Mandelsloh wird den Konvoi bis Kabul begleiten.

Hoteltage in Rawalpindi

Am Abend des 26. April trifft sich die ganze Expeditionsmannschaft im Flashman's-Hotel in Rawalpindi.

Die einen haben eine dreiwöchige Lastwagenfahrt hinter sich, die anderen sind in 24 Stunden hierher geflogen. Unwillkürlich erinnere ich mich immer wieder an die Expeditionen vor dem 2. Weltkrieg, wo die Bergsteiger noch viele Wochen reiten oder marschieren mußten, bis sie endlich ihr Ziel zu sehen bekamen. Aus dieser Perspektive betrachtet, ist der Fortschritt der Technik doch ein großer Segen für die Menschheit.

In den kommenden zehn Tagen habe ich mit einer Unmenge von Schwierigkeiten fertig zu werden. Zunächst läuft alles noch wunschgemäß. Oberstleutnant Tschirner lädt uns zusammen mit der »Deutschen Kolonie« zu einem Empfang in sein Haus ein. Wir treffen dort Freunde aus München, alte Bekannte aus Rawalpindi, darunter Heinz Kiel, der seit über zehn Jahren das Bier für ganz Pakistan braut.

Am 29. April bin ich im Außenministerium vorgeladen, um meinen Begleitoffizier in Empfang zu nehmen. Außerdem erhalten wir die spezielle Einreisegenehmigung für das Kaschmirgebiet sowie die Fotoerlaubnis am Nanga Parbat. Am gleichen Tag habe ich den ersten Kontakt mit Senator Dr. Burda, der sich gerade auf einer Asienreise befindet. Er gibt dem ganzen Team am Abend des 1. Mai ein Essen – mit Spätzle und Schwarzwälder Kirsch – eine Rarität in diesem Lande. Der Chefkoch vom Intercontinental-Hotel ist Schwabe! Die festliche Tafel wird aufgehoben – wir verabschieden uns, bedanken uns herzlichst. Bei dieser Gelegenheit läßt mir Senator Burda noch ein Stück Papier übermitteln, das mich von allen eventuell auftretenden Geldsorgen befreien sollte. Sternstunden im Leben eines Expeditionsleiters!

Aber die glücklichen Stunden in Rawalpindi sind gezählt. Die übrige Zeit ist nicht so erhebend. Wir haben Sorgen wegen unserer Weiterreise nach Gilgit. Das Wetter ist so schlecht, daß wir weder fliegen noch mit unseren Lkw's das Industal hochfahren können. Außerdem ist die Straße bei Jaglot im Industal durch einen Felssturz infolge der Regengüsse der vergangenen Tage blockiert. Zu meinen Anreiseproblemen gesellt sich noch der Unmut des Botschafters, da nicht alles so reibungslos geht, wie es sich eine Botschaft wünscht, und ich erinnere mich dankbar jener Exzellenzen, die uns in Karachi bei oft viel größeren Schwierigkeiten beigestanden sind. –

Plötzlich tut sich die Tür zu unserem durch Aircondition unterkühlten Appartement Nr. 43 auf. Der bayerische Wirtschaftsminister Schedl kommt mit Regierungsdirektor Deinlein zu einem kurzen Besuch. Sie befinden sich gerade auf einer Inspektionsreise in Pakistan. Zu gleicher Zeit wartet aber bereits mein langjähriger Freund Lt. Col. Aleem mit seinem Wagen vor unserer Tür, um uns zu einem Abendessen abzuholen. Aleem war 1954 mein Begleitoffizier, als wir zum Broad Peak gingen. Seither verbindet mich eine herzliche Freundschaft mit ihm und seiner Familie.

Am 3. Mai wird nach den Tagen des Wartens erstmals eine Hoffnung auf Flugwetter geweckt, – aber vergebens! Am 7. Mai ist der erste Flug der Pakistan International Airlines – 14 Teilnehmer und Capt. Saqi können jetzt nach Gilgit einfliegen. Unser Gepäck ist bereits in eine C 130 Herkules verladen und verschnürt; – wir Zurückgebliebenen, Alice von Hobe, Gerd Mändl, Wolf-Dietrich Bitterling und ich warten auf den Start. – Jedoch die Motoren tun's nicht, und so wird wieder alles zurückgepfiffen. Andertags ist wieder schlechtes Wetter, also kein Flug. Unsere Kameraden sitzen aber bereits in Gilgit.

Am 9. Mai ist es dann auch für uns soweit. Wir starten mit einer kleineren Herkules, Croup Captain Quayyum sitzt selbst in der Kanzel und steuert für uns den Nanga Parbat an. Wir sollen unseren Berg einmal ganz nahe und von oben sehen und filmen können! Bald haben wir den Mazeno-Kamm erreicht. Wir fliegen in Höhe des Gipfelaufbaus. Der ganze Berg liegt in strahlender Sonne, nur über der Rupal-Flanke befindet sich eine dichte Wolkenbank. Will uns der Berg die für uns interessanteste Flanke auch jetzt noch geheimnisvoll verschleiern? – Bald fliegen wir über die Felsköpfe hinweg, die zum Hauptgipfel hinaufführen, sehen hinab in die Eisrinnen, die zwischen den Köpfen fast senkrecht gegen die Rupalwand hinabstürzen – eine davon ist die Merkl-Rinne.

Ich bin ganz fiebrig vor Freude, daß uns Capt. Quayyum so viele Einblicke in die oberen geheimnisumwitterten Bergpartien ermöglicht. Er zieht eine Schleife in den Wolken, die über dem Rupal-Tal liegen, und dann noch eine, und schließlich fragt er, ob wir genug gesehen haben? – Ja, denn wir hatten viele großartige Bilder in uns aufgenommen.

Wieder in Gilgit

Zehn Minuten später landen wir in Gilgit. Einige Kameraden und pakistanische Freunde stehen am Flugplatz; wir werden herzlichst empfangen. Wir sind froh, nun den heißen Niederungen »entflogen« zu sein und erfreuen uns am satten Grün der Wiesen und Obstgärten in dieser hochgelegenen Himalaya-Oase. Aller Komfort der letzten Tage im Hotel in Rawalpindi ist schon fast vergessen.

Die nächsten drei Tage sind damit ausgefüllt, die Hochträger anzuwerben, Traktoren mit Anhängern und Jeeps zu mieten und viele Gespräche mit Beamten des Gilgit-Distrikts über die Probleme des Weitertransportes unseres auf 9 Tonnen angewachsenen Expeditionsgepäcks zu diskutieren. Die Regenfälle der letzten Tage haben die Straße durch das Astor-Tal stark mitgenommen. Die Straße ist streckenweise überhaupt nicht mehr vorhanden!

Während die Traktoren mit der ganzen Expeditionsverpflegung und -ausrüstung bereits die Nacht durchgefahren sind, starten wir selbst mit unserer persönlichen Habe erst in den Morgenstunden des 12. Mai.

Nach 2½ Stunden überqueren wir den Indus und erblicken kurz vor Bunji erstmals die gewaltige Nordflanke unseres Berges und seiner Trabanten. Kameras werden gezückt, und nach einer kurzen Fotografierpause bildet sich auf jedem unserer fünf Jeeps bald wieder eine Menschen-Pyramide – und weiter geht's in voller Fahrt.

Aber schon an einer der nächsten Wegkehren heißt es wieder »Halt – alles absitzen!« Ein Traktor ist samt Anhänger umgekippt. Der Driver hat die Kurve zu schnell genommen. Unsere Lasten sind das ausgetrocknete Bachbett hinabgerollt. Wild geschriene Kommandos – viele helfende Hände – und dann steht der Karren wieder auf seinen Rädern.

Gegen Mittag fahren wir über die Ramghat-Brücke ins felsige Astor-Tal ein. Bereits nach 3 Meilen ist aber der Traum unserer Jeepfahrt zu Ende. Die Straße ist so defekt, daß wir von hier aus nur noch zu Fuß weiterkommen können. An der blockierten Stelle der Straße kauern bereits 180 Bergbauern, die sich als Kuli verdient machen wollen. Auch Esel und Pferde sind bis hierher abgestiegen, um unsere Lasten das Hochtal hinauf zu transportieren. Aber noch trennen uns 5 Anmarschtage von unserem Ziel. Bis dahin werden die Träger noch einige Male gewechselt – in Astor und in Rampur.

Unser Captain bemüht sich im Zusammenspiel mit den Lambardaren, den Bürgermeistern der Dörfer, um den Weitertransport unserer rund 300 Lasten. Allmählich setzt sich eine um die andere Gruppe ab, auch von den Teilnehmern bleiben schließlich nur noch Michl Anderl und Elmar Raab mit zwei Hochträgern und einem Polizisten an der blockierten Stelle zurück. In den nächsten 24 Stunden werden sie den immer wieder neu ankommenden Kulis Lasten zuteilen, bis sich schließlich das ganze Expeditionsgut auf dem Weg nach Astor befindet.

Wir nächtigen in Muschkin, dort, wo wir 1964 während unserer Winterexpedition auch die schnellen Transport-Jeeps gegen Kulis eintauschen mußten. Damals lag hier noch Schnee, und breite Lawinenkegel sperrten die Straße. Diesmal ist die Straße auf weite Strecken einfach weggespült. Es wird viele Wochen dauern, bis der Unterbau für den Fahrweg wieder an die Felswand »angeklebt« ist.

Unser nächstes Tagesziel ist Astor. Dort sollen alle Lasten wieder überprüft und an neue Träger abgegeben werden. –

Während der ganzen Zeit unseres Anmarsches war das Wetter regnerisch mit zeitweisen Aufheiterungen. Als wir an der mir bekannten Ecke in das Rupal-Tal einbiegen, erwarte ich den Nanga-Blick. Aber dort, wo wir die Ostflanke unseres Berges vermuten, zeigt sich lediglich ein grauschwarzer Wolkenvorhang.

In Rampur werden die Kulis zum letzten Mal gewechselt. Es sind Bauern aus Churit, Tarishing und Rupal. Wir wählen den Pfad, der sich am linken Flußufer entlangzieht. Nach zweieinhalb Stunden erreichen wir das große Dorf Tarishing. Es regnet. Im Schulhaus finden wir Unterschlupf. Dann kommt auch unser Begleitoffizier mit einer Gruppe von Teilnehmern an – tropfnaß und bei schlechtester Laune – er stürzt auf mich zu, überreicht mir ein von ihm beschriebenes Papier. Er fordert mich auf, dieses Schriftstück zu unterzeichnen, andernfalls würde er Meldung an seine Dienststelle machen.

Captain Saqi war erbost, daß von Kienlin und Reinhold Messner abermals seiner Anordnung und den »Government Rules« zuwider gehandelt hatten und die Expedition nicht in einer Gruppe marschierte. Wolf-Dietrich Bitterling übersetzt mir das Schriftstück sinngemäß: »Captain Saqi stellt die Disziplinlosigkeit der Teilnehmer Reinhold Messner und von Kienlin heraus und bedauert, die Expedition wegen zweier Ungehorsamer und Uneinsichtiger im dritten Wiederholungsfalle abbrechen zu müssen.« Dies ist ein harter Ton. Ich unterschreibe und spreche daraufhin eingehend mit den Betroffenen, stoße aber auf wenig Verständnis. Sie empfinden die Erregung unseres Begleitoffiziers, der schließlich um einen pannenlosen Ablauf der Expedition besorgt ist, als lächerlich. –

Am nächsten Morgen erstrahlt der Nanga im reinsten Weiß – ein festlicher Empfang! Heute führt uns die letzte Etappe zur Hochweide Tap hinauf, wo wir in 3560 m Höhe unser Hauptlager errichten werden. Nach 4 Stunden trifft man sich auf dem vorgesehenen Lagerplatz, sitzt herum und wartet auf die eintrudelnden Kulis mit ihren schweren Lasten. Dann werden die Träger bezahlt und entlassen – der Aufbau der kleinen Zeltstadt kann beginnen.

Der Kampf um die Flanke beginnt

In dieser Stunde beginnt der Kampf um den Berg. Die Sorgen um einen zügigen Anmarsch sind schon fast vergessen, und jene Monate der harten Arbeit um die Vorbereitung in der Heimat liegen weit zurück.

In den nächsten sieben Tagen scheint fast immer die Sonne. Wir kommen daher mit dem Aufbau der Hochlager gut voran. Am 17. Mai wird Hochlager 1 in 4700 m Höhe errichtet, diesmal nicht auf dem Grat, wie bei den früheren Unternehmungen, sondern unter einer kleinen Felswand. Es muß planiert werden, so kann Platz für 5 bis 6 Zelte geschaffen werden. Das Lager erinnert mich an das 1. Hochlager an der Diamir-Flanke.

Am 18. Mai steige ich mit Michl Anderl zum Lager 1 hoch, um mich an Ort und Stelle über die Verhältnisse zu orientieren, denn dieses Lager soll für viele Wochen die Bleibe für die Mehrzahl der Hochträger werden. Von hier aus müssen die auf 14 Kilo reduzierten Lasten den langen Weg über den Wieland-Gletscher zum Hochlager 2 in 5500 m Höhe hinaufgeschleppt werden. Um den Trägern bei ihrem nächtlichen Aufstieg möglichst viel Sicherheit gewähren zu können, wird die schwierige Passage am Wieland-Felsen mit 400 m Stahlseil versichert.

Während die einen mit dem Aufbau von Lager 1 beschäftigt sind, übersiedeln die Gebrüder Messner mit Werner Haim bereits ins Lager 2. Die Besatzung von Lager 1 übernimmt vorläufig zusammen mit 3 Hochträgern die Versorgung von Lager 2.

Inzwischen geht der Aufbau des Hauptlagers ungehindert weiter. Dort ist vor allem Michl Anderl ein unermüdlicher Arbeiter – und Wolf Dietrich Bitterling, unser Meisterkoch, wird im Laufe der Expedition zu seiner rechten Hand. Für den jungen Bitterling ist diese Expedition das erste große Himalaya-Erlebnis. Einige seiner Eindrücke hielt er mit folgenden Worten fest:

»Immer wieder hatte ich mir zu Hause ausgemalt, wie alles werden würde, das einfache Leben, die Kameradschaft, die Schwierigkeiten und Anstrengungen. Nun, die Vorstellungen blieben hinter den realen Eindrücken, die ich während der Tage am Berg sammelte, weit zurück. Es waren Tage mit viel Freude, Begeisterung und dem Bewußtsein, Einmaliges erleben zu dürfen. Sicher war vieles dazu angetan, den Wunsch nach weiteren Exkursionen dieser Art zu dämpfen, aber heute, mit Abstand zu den Dingen, meine ich, daß das Positive überwiegt. Ich möchte das Erlebte nicht missen, nicht zuletzt um der kleinen Begebenheiten willen. Über die Großartigkeit und die überwältigende Szenerie dieses Erdteils ist viel gesagt und geschrieben worden. Ich kann es nicht leugnen, auch ich war fasziniert und muß an mich halten, um nicht ins Schwärmen zu geraten.

Ohne jemals unser Ziel aus den Augen verloren zu haben, bildeten die kleinen Ereignisse und Erlebnisse doch die Essenz, die unser Unternehmen entscheidend prägte. Heute sind sie nur noch Erinnerung, damals aber waren sie Lebensumstand, mit dem alle sich ständig auseinanderzusetzen hatten.

Wie schnell sind sie vergessen, die tausend banalen Dinge, die uns bedrängten; übrig bleibt letztlich nur der Erfolg, der dem Ganzen beschieden oder versagt bleibt. Dennoch sollte das, was uns peripher in dieser Zeit bewegte, nicht in der großen Polemik um Alpinismus und Expeditionswesen untergehen, weil, meine ich, die Nachwehen einer solchen Unternehmung selten den ganzen Ablauf mit all seinen kleinen Begleiterscheinungen wiederzugeben vermögen.

Als Expeditionsneuling mag man gewisse Vorstellungen vom Ablauf einer solchen Bergfahrt haben, die aber dann doch ziemlich weit hinter der Wirklichkeit zurückstehen. Man denkt sich so manches, wie es sein oder passieren könnte, bereitet sich vielleicht innerlich darauf vor, um sich dann letzten Endes doch nur »nicht gedachten« Situationen gegenübergestellt zu sehen. Wie sorgfältig man auch seinen Koffer gepackt haben, welches Abwägen und Überlegen vorangegangen sein mag, es erweist sich als lückenhaft. Erst später, wenn man »mitten drin« ist und aus der Not eine Tugend werden muß, kann man sich den »richtigen« Gedanken machen. Da geht es dann um ganz Simples: wie z. B. spült man einen Berg Geschirr, wenn nur 1 l Wasser zur Verfügung steht, wie kocht man ein Gericht für 12 Personen mit zwei Beilagen in nur einem Topf?

Über Engpässe persönlicher Art, ob man die Wäsche zwei oder vielleicht doch lieber drei Wochen tragen sollte, ob man die Zahnbürste dem wachsenden Zahnbelag noch einen weiteren Tag fernhalten kann und ob die Seife wirklich mit ins Hochlager zu schleppen ist, kommt man relativ leicht hinweg. Nach anfänglichen Skrupeln und vorsichtigen Beobachtungen der Kameraden war es bald ein Leichtes, auf vieles bis dahin scheinbar Unerläßliche zu verzichten, selbst auf die Gefahr hin, bald ein wenig »streng« zu riechen. Für unsere Träger stellten sich solche Probleme nie, sie hatten diese Phase längst überwunden bzw. sie nie durchlebt. Sie brauchten auch die Handvoll Schnee nicht, die wir unserem Gesicht noch täglich zugestanden, was dann allerdings bei zunehmender Bartpracht nicht mehr mit der anfänglichen Regelmäßigkeit geschah. So wurde die morgendliche Toilette mit jedem Tag kleiner. Doch griff hin und wieder auch eine Reinlichkeitsepedemie um sich, dann zog die ganze Truppe an die »Rupalbeach«, eine eiskalte Quelle, die im Wiesengrund unweit des Hauptlagers entsprang. Wir nannten es einfach Weichteilpflege.

Ich weiß nicht, ob es nur an der Kälte des Wassers lag, daß selbst die Tapfersten kaum länger als eine Minute im erquickenden Naß blieben oder ob man sich einfach ein bißchen seine »Schutzschicht« erhalten wollte. Im Anschluß an das Heldenbad begann dann die Schönheitspflege. Da wurde gecremt, es wurden Bärte gestutzt und wirren Haaren ein »Modeschnitt« verpaßt, und schließlich und endlich folgte die große Kleiderspülung – waschen im herkömmlichen Sinn würde ich es nicht nennen. Ich war recht froh, daß es sich um ein fließendes Bächlein handelte, verschwanden doch die grauschwarzen Schleier, die dem Zeug entwichen, sehr schnell und unbemerkt. Nach einem solchen Reinigungstag schaute man sich immer ein wenig genauer an, um leicht schmunzelnd zu bemerken, daß die Bräune eines manchen von uns doch recht vergänglich war.

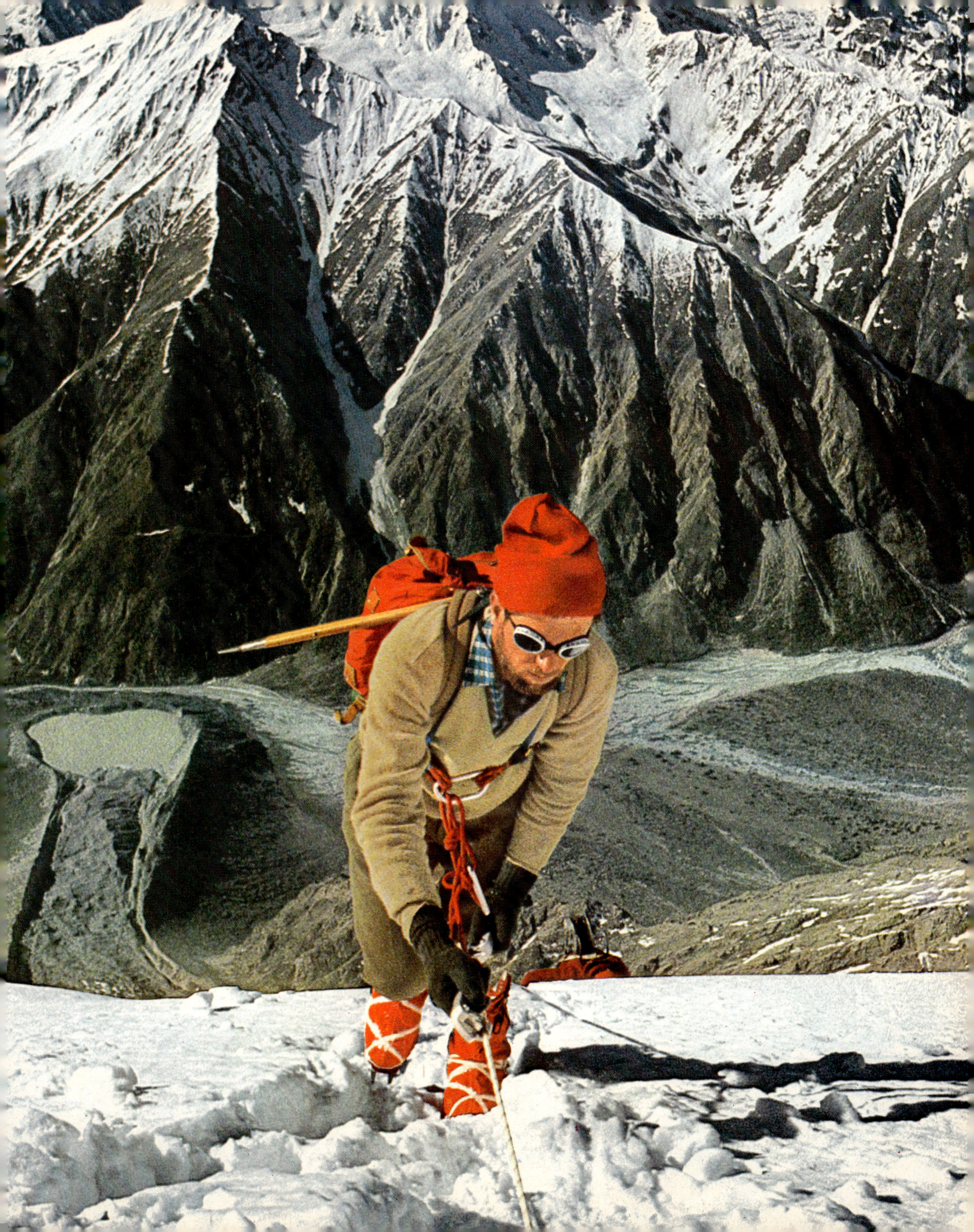

Sigi Hupfauer mit schwerer Last im
Aufstieg über das bereits versicherte
Welzenbach-Eisfeld.

Ankunft der schwerbeladenen Hochträger in Lager 3.

Unten: Aufstieg im Welzenbach-Eisfeld – hier kurz über Lager 3.

Erster Vorstoß ins Merkl-Eisfeld.

Unten: Der verletzte Günter Strobel wird auf den Schultern der Hochträger in das Hauptlager herabgetragen.

Durchfahrt durch ein Dorf in Afghanistan.

Unten: Die Lastwagenkolonne am Ararat.

Rechts: Albert Bitterling, der Führer des Lastwagenkonvois.

Auf den beiden folgenden Seiten die Teilnehmer 1970.

Wolf-Dietrich Bitterling	 Gerhard Baur	 Michl Anderl
 Dr. Hermann Kühn	 Günther Kroh	 Max von Kienlin
 Hans Saler	 Elmar Raab	 Reinhold Messner

Alice von Hobe	 Karl M. Herrligkoffer	 Werner Haim
 Gerd Mändl	 Günther Messner	 Felix Kuen
 Jürgen Winkler	 Peter Vogler	 Peter Scholz

Tagelange Regengüsse haben die Straßen teilweise weggeschwemmt. Ein allzu forscher „Driver" kommt mit seinem Traktor ins Schleudern, der Anhänger kippt. Die Lasten fallen das Bachbett hinab. Jeder greift zu und bald kann die wilde Fahrt weiter fortgesetzt werden.

Rechts: Das Hauptlager im Rupal-Tal liegt auf der Hochweide „Tap" in 3560 m Höhe

Michl Anderl im Kochzelt.

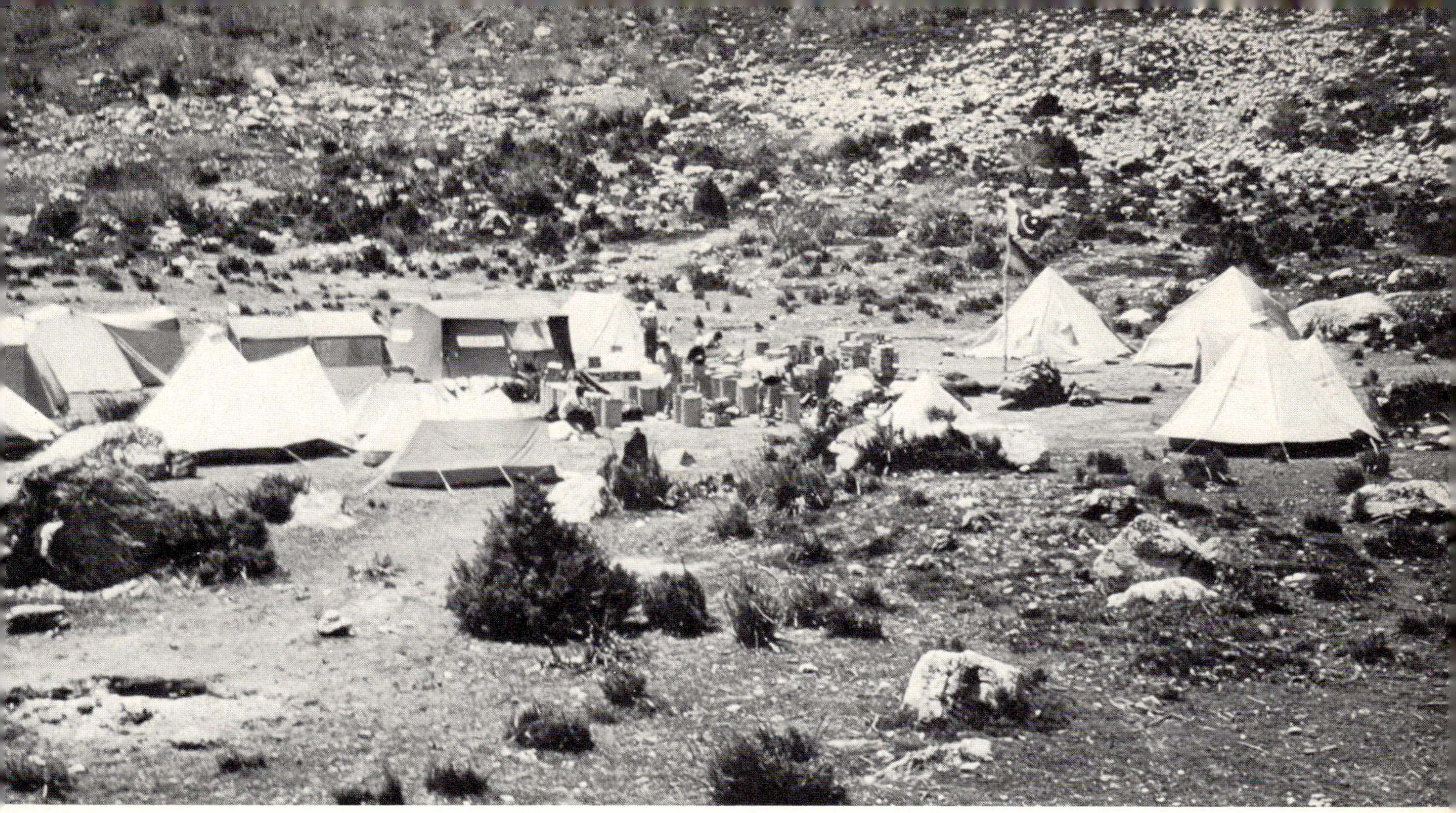

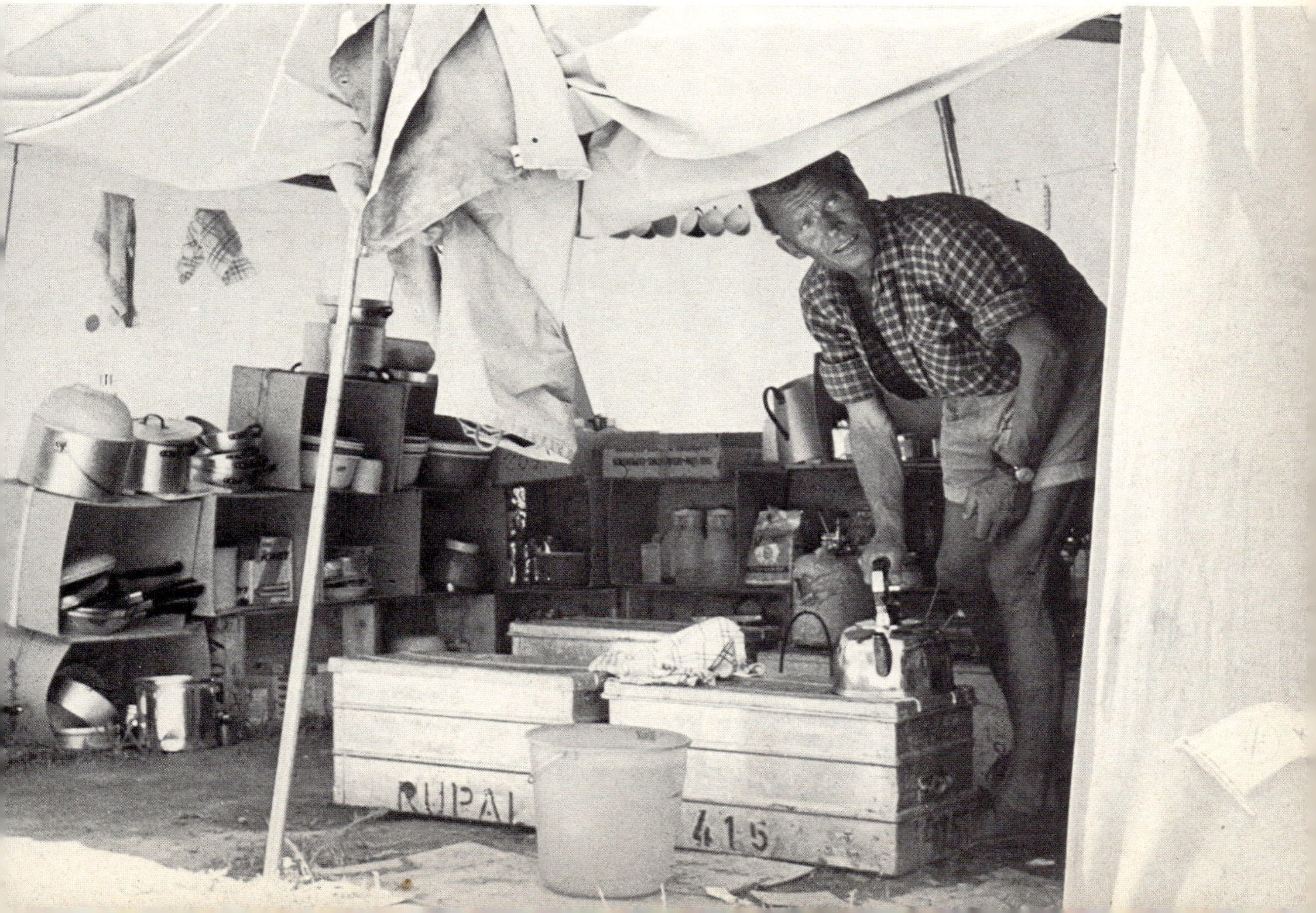
RUPAL
415

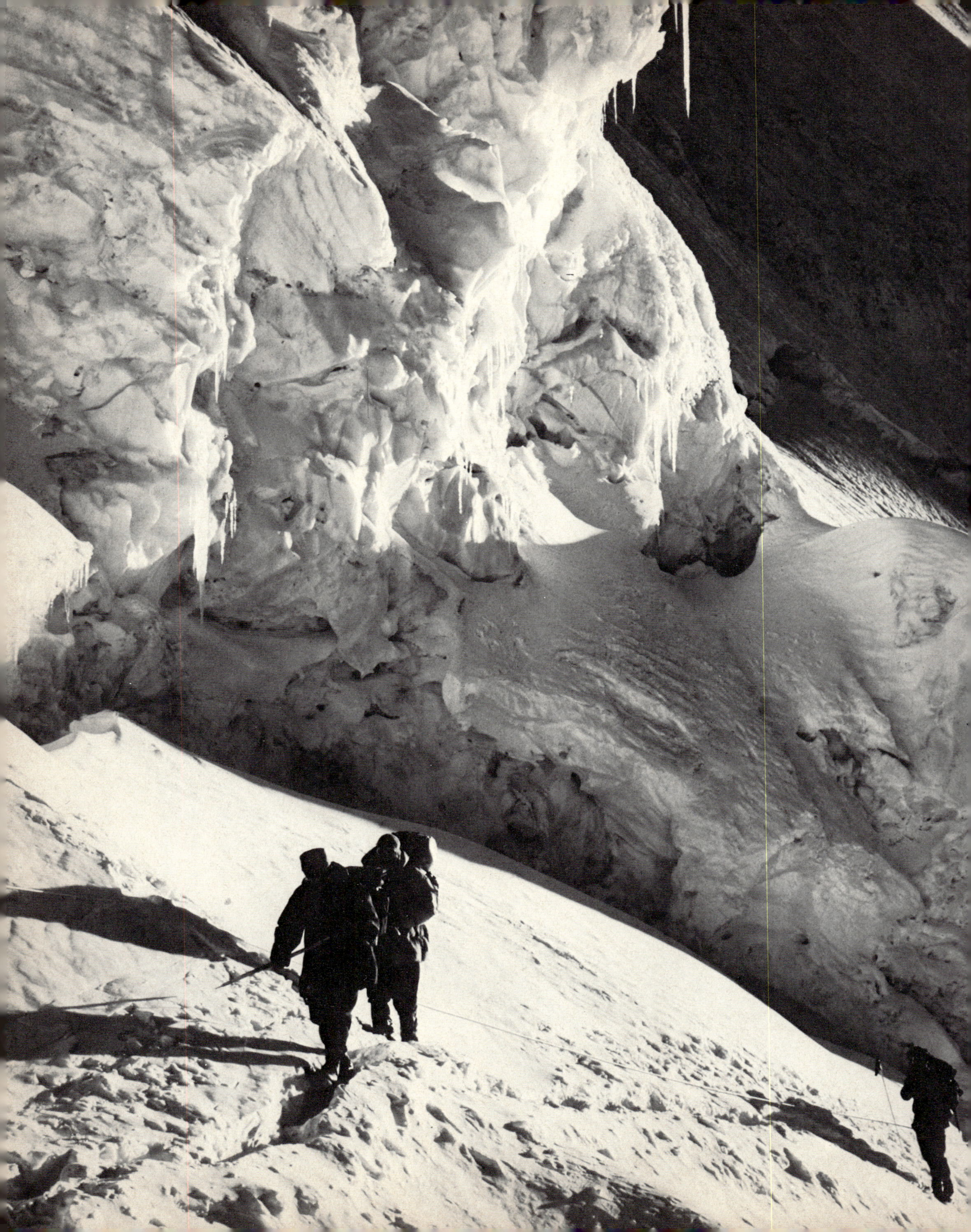

Je weiter es hinauf ging, um so spartanischer und beengter wurde es. Die Zelte waren aus Gewichtsgründen nun kleiner und flacher, umständlich zu handhabende Benzinkocher ersetzten den »feudalen zweiflammigen Gasherd«, die Vorräte mußten in Schneelöchern und Felsspalten gestapelt werden. Kaum fand sich Raum genug, um die wenigen persönlichen Dinge trocken unterzubringen.

Als die Lagerkette stand und wir uns – so gut es eben ging – eingerichtet hatten, erinnere ich mich an ein Teleportgespräch, das ich aus Lager I mithörte. Die Kameraden aus den oberen Lagern besprachen die Lage, das Wetter, das weitere Vorgehen, und am Ende wurde die »Bestellung« der benötigten Dinge durchgegeben. Von Seilen über Eishaken bis zu Butter und Senf. Alles war recht eilig. Unter anderem wurde aus Lager 3 verkündet »dringend Eierlikör«, ein für 6000 m Höhe nicht alltäglicher Wunsch, der einer gewissen Komik wohl nicht entbehrt. Lächelnd gedenke ich solcher kleinen Anliegen, die uns damals soviel bedeuteten und die nicht zuletzt Anlaß waren, »Grantigkeit« auszulösen, blieben sie unberücksichtigt.

Unsere Träger hatten da eine andere Art, ihren Unmut zu äußern, so Amir-Khan, einer der wirklich unermüdlichen Träger. Immer wenn es ihm genug schien, meldete er Bauchschmerzen an, das verschmitzte Gesicht in schmerzvolle Falten gelegt, um sich dann möglichst unsichtbar an der Feuerstelle niederzulassen, an der der Hunzakoch eifrig Chapati (fladenähnliches Brot) buk. Amir-Khan war munter und fidel, solange er sich unbeobachtet wähnte. Zu seiner Ehre sei gesagt, daß er dieses periodische »Unwohlsein« immer sehr schnell überwand, um es dann einem seiner Kameraden zu »überlassen«, denn schließlich wollte ja jeder von ihnen gern einmal in den Genuß solcher »Festtage« kommen. Übertrieben sie es, ließ man gelegentlich etwas von »nach Hause ins Hunza-Tal« fallen, was die »Leidenden« über Nacht gesunden ließ.

Eines Morgens im Lager I, es war einer von diesen vielen grauen, wolkenverhangenen Tagen, die selten besseres als Schneetreiben und Kälte brachten, kroch ich mißmutig aus meinem Schlafsack. Durch die Körperwärme war das Eis unter dem dünnen Gummiboden des Zeltes geschmolzen, so daß sich eine recht unbequeme »Wanne« gebildet hatte, die noch dazu voll Wasser stand. Es begann also recht unfreundlich und ich beschloß, erst einmal den »Tee« von gestern loszuwerden. Ich hatte Glück, es schneite nicht und der Wind war so, daß man es wagen konnte. sich gewisse Blößen zu geben. Doch kaum war das geschehen, wurde ich eines dumpfen Grollens gewahr; eine mächtige Staublawine schoß in ungefährlicher Entfernung zu Tal. Leider hatte ich die Ausläufer vergessen. Mit hellem Pfeifen fegte dichter, wirbelnder Schnee heran. Es war nichts mehr zu retten. Mit dem Gefühl totaler Nässe, dort wo man sie ungern hat, verließ ich den Tatort. Allerdings mit dem festen Vorsatz, in Zukunft nur bei strahlender Sonne den bewußten Ort aufzusuchen.

Natürlich überschatteten und verdrängten die großen Ereignisse diese kleinen Nebensächlichkeiten, ohne die aber unser Alltag recht trist und leblos gewesen wäre.

Vieles war, rückblickend betrachtet, komisch und gibt Anlaß zum Lachen, damals jedoch entfuhr uns so mancher Fluch, ob der Dinge, die sich so widerwärtig spreizen können.«

Links: Hochträger im Aufstieg über den
Wieland-Gletscher zum Lager 2.

An der Wieland-Eiswand

Am 21. Mai steigt Peter Scholz zum Hochlager 2 empor. Um 0 Uhr 50 verläßt er das Hauptlager, passiert um 3 Uhr das Hochlager 1 und trifft kurz nach den Hochträgern, die schon um 1 Uhr nachts Lager I verlassen hatten, im 2. Hochlager ein.

Der Aufstieg zwischen den unteren Hochlagern vollzieht sich zwangsläufig nachts und in den ersten Morgenstunden. Wir leben hier am Nanga Parbat in der subtropischen Zone. Tagsüber ist es daher bis 40° heiß – besonders auf dem Gletscher, wo die Strahlungshitze hinzukommt – nachts dagegen kann man schon ab Hauptlager mit Minustemperaturen rechnen. Bei einem Höhenunterschied von 1000 Metern verändert sich bekanntlich die Durchschnittstemperatur um 6°. Mißt man z. B. im Hauptlager 0°, dann zeigt das Thermometer in Lager I, also etwa 1100 m höher, bereits –6° an. Wegen der starken Sonneneinstrahlung ist tagsüber der Schnee so ungünstig weich, daß man einen Aufstieg, noch dazu mit schweren Lasten, kaum wagen könnte. Deshalb verlegen wir den Trägertransport zwischen Lager 1 und Lager 2 in die Zeit ab Mitternacht, wo der Firn noch hart ist.

An jenem Tag, an dem Peter Scholz allein zum Lager 2 hinaufspurt, sind die Gebrüder Messner mit Haim, Mändl und Baur dabei, die untere Hälfte der Wieland-Eiswand zu versichern. Die so begonnene Arbeit wird anderntags von Scholz und Mändl fortgesetzt. Das erste Bollwerk des Berges ist genommen; – zum dritten Mal in der Besteigungsgeschichte der Rupal-Flanke.

Die kurze Schönwetterperiode ist schon wieder zu Ende – es schneit bis ins Hauptlager hinab. – Alice von Hobe nützt die Anwesenheit der Kameraden für die Durchführung ihrer höhenphysiologischen Testversuche, kontrolliert den Blutstatus und vergleicht ihn mit früheren Werten – und macht von jedem Teilnehmer ein Elektrokardiogramm.

Am 24. Mai ist die Lawinengefahr so groß, daß wir es nicht wagen, Hochträger auch nur bis ins Lager 1 hinaufzuschicken. Erst am nächsten Tag reißt die Wolkendecke wieder auf. Kurz nach 9 Uhr erscheinen Kuen, Mändl, Saler und Scholz an der Eiswand. Sie benötigen 3 Stunden für den Aufstieg durch die Wand, dann haben sie den Grat erreicht. Es ist jene Stelle, wo die Seilwinde im Schnee vergraben liegt. Wenige Meter hangaufwärts stellen sie ein rotes Zelt auf. Ausgesetzt wie ein Adlerhorst sitzt es auf dem mächtigen Eisbalkon, der über einer breiten Eisrinne hängt, die ostwärts zum Bazhin-Gletscher abstürzt.

Am 26. Mai gelingt es Scholz und Kuen, die alte Seilwinde am Grat freizuschaufeln. Damit erübrigt sich der Transport der neuen schweren Winde, die wir mitgebracht haben und das Hochschleppen von 300 m Stahlseil. – Ein Zeitgewinn von mehreren Tagen! –

Das Aufziehen der Lasten ist anstrengend. Haim und Mändl machen sich um diese wichtige Arbeit besonders verdient. Zwei bis drei Stunden dauert das Hochziehen von drei Plastikbomben, von denen jede mit rund 15 Kilo gefüllt ist. Haben die Behälter schließlich die 300 m hohe Eiswand überwunden, dann müssen die Lasten noch die restlichen 100 Höhenmeter bis zum Lager 3 hinaufgeschleppt werden. Um auch diese Wegstrecke durch das untere Welzenbach-Eisfeld abzusichern, fixieren die Gebrüder Messner 200 m Reepschnur im Eis.

Ende Mai wird der dritte Stützpunkt zum Akklimationslager ausgebaut. An der uns bereits von früher bekannten Stelle hat sich heuer eine Eishöhle als Schutzraum für die Zelte angeboten.

Die Grippeerkrankungen, die in letzter Zeit einen Teil der Mannschaft erfaßt hatten, sind zurückgegangen, und der Einsatz am Berg kann wieder verstärkt werden. –

»Nachmittags versichern wir« – so berichtet Felix Kuen – »200 m im Welzenbach-Eisfeld hoch. Die Route wird immer schwieriger. Wir folgen einem steilen Eisgrat bis zum Beginn des Couloirs und kehren anschließend zu unseren Zelten im Lager 3 zurück. Hier ist das Leben auch für längere Zeit recht erträglich. Die Aussicht ist einmalig schön: vor uns ein Meer von Gipfeln, und im Osten überragt der zweithöchste Berg der Erde, der K 2 oder Chogori, majestätisch alle seine Trabanten. Unser Essen ist vorzüglich – meist essen wir warm und können uns alle Essenswünsche erfüllen. Besonders delikat wird das Menu, wenn Gerd Mändl am Kochtopf steht. Zu den Kaffeepausen leisten wir uns Wiener Kuchen aus der Konserve.«

In den ersten Juni-Tagen werden weitere 400 Meter im Welzenbach-Couloir versichert. Dieses Gelände läßt sich mit der Matterhorn-Nordwand vergleichen. Am 3. Juni wird schließlich die Route zum 4. Hochlagerplatz hinauf endgültig mit fixen Seilen versehen.

Perlonzelte, eine 10 m lange Strickleiter, Eishaken, Seile, Schaufeln und Verpflegung wandern in die Rucksäcke der Gebrüder Messner, von Scholz und Kuen. Jeder trägt etwa 8 Kilo. Kaum ist die Versicherungsarbeit beendet, nähert sich eine dichte Wolkenbank der Wand. Dies bedeutet Schneesturm in diesen Höhen. Die beiden Messners fühlen sich nicht recht gut. Dennoch muß noch der sehr steile 60° geneigte Ausstieg aus dem Couloir gemeistert werden, um an das 10 m hohe Eiswandl zu gelangen, das zum 4. Hochlagerplatz hinaufführt. Peter Scholz erledigt diese Aufgabe, indem er an zwei Jümar-Bügeln an den alten Seilen von 1968 kaltblütig hinaufklettert. Am frühen Nachmittag werden in 6600 m Höhe die Lasten deponiert. Dann steigen die beiden Seilschaften wieder ab zum Lager 3. Eine wichtige Aufgabe ist bewältigt – ein Tag härtester Arbeit geht zur Neige. –

Der Tatendrang erstickt im Neuschnee

In der Nacht zum 4. Juni zieht eine Schlechtwetterfront über den Berg hinweg. Fünf Tage lang wird unser Auftrieb gelähmt, unsere Arbeit verhindert und wir, vor allem jene, die in den Hochlagern ausharren, sind zum Herumliegen im Zelt und zur Langeweile verdammt. Die einzige Arbeit ist das Ausschaufeln der Zelte, dazwischen essen, kochen und wieder essen – dann bleibt noch immer viel Zeit zum Schreiben und Dahindösen im warmen Schlafsack – zum Träumen von den ersten Sonnenstrahlen, die die naß gewordenen Kleidungsstücke trocknen könnten, und vom weiteren Aufstieg und den Problemen, die sich in der Höhe noch einstellen werden. Peter hat seine ganz kleine Mundharmonika dabei; solange er spielt ist das miese Wetter vergessen.

Das Schneetreiben schafft vor allem für die Besatzung im Windenlager recht harte Lebensbedingungen, denn die Zelte liegen dem Wetter ausgesetzt im Hang. Werner Haim schildert uns seine Erlebnisse in seinem Tagebuch:

»5. Juni: Der Schneesturm hält mit unverminderter Stärke an. Manchmal glauben wir, es fegt uns das Zelt weg. Der Schnee lastet auf dem Zeltdach, wir können uns kaum bewegen. Alles ist naß und feucht. Morgens graben wir uns aus. Wir versuchen heute, trotz Schlechtwetter, eine Last heraufzuziehen. Etwa 60 m ist die Last noch von uns weg, da plötzlich ein Ruck – das Aufzugsseil ist gerissen – alle Arbeit war umsonst! Drei Lasten sausten in die Tiefe, mit sämtlicher Ausrüstung und der von uns so lang ersehnten Post. Alles ist weg. Vielleicht können wir später bei Schönwetter danach suchen. Aber zur Zeit stürmt und schneit es weiter. Über ein Meter Schnee ist schon gefallen. Der zweite Schlechtwettertag. Wir warten und hoffen.

6. Juni: Das Wetter ist weiterhin stürmisch, mehrmals müssen wir die Zelte freischaufeln. Links und rechts vom Lager donnern Lawinen herab. Gerd Mändl geht heute mit dem reparierten Stahlseil wieder zu Lager 2 hinab. Wir haben Glück. Die gestern abgestürzten Lasten werden in der Nähe von Lager 2 aufgefunden. Auch die Post ist gerettet! Gegen Mittag kommt bei eisigem Sturm Felix zu uns herab, wir steigen nun gemeinsam zum Hauptlager ab. Karl meldet per Funk aus Lager 1: Wetter weiterhin schlecht! Unser Abstieg ist also gerechtfertigt. Äußerst lawinengefährlich ist der Wieland-Gletscher, und wir sind froh, als wir im Hauptlager ankommen.«

Auch Baur, Kuen und Scholz steigen am Mittag ins Hauptlager ab. Nur die Gebrüder Messner wollen sich weiterhin im Lager 3 akklimatisieren. Am Windenlager schließen sich Haim und Vogler an – Mändl und Saler dagegen bleiben noch dort, sie hoffen auf eine baldige Wetterbesserung. Bei den enormen Neuschneemassen ist der Abstieg über den Wielandgletscher äußerst riskant und lawinengefährlich.

Eine gewaltige Eislawine – die größte, seit wir hier sind, fegt die 4000 m hohe Eiswand herab. Eine gigantische Eiswolke braust über das Hauptlager hinweg – wild rüttelt der Lawinensturm an unseren Zelten.

Wir schreiben den 8. Juni. Heute stelle ich im Kreis der anwesenden Kameraden meinen Angriffsplan zur Debatte. Gemeinsam werden Punkt für Punkt besprochen. Kleine Änderungsvorschläge werden berücksichtigt, und nach etwa einer Stunde sind wir uns über alle Details einig geworden. Im Zuge eines Transportsystems, das sich über zehn Tage hinweg wie eine Pyramide aufbaut, soll am 10. und 11. Tage der Gipfelvorstoß stehen – ausgeführt von zwei Seilschaften, voraus Reinhold Messner und Peter Scholz, unmittelbar folgend Felix Kuen und Gerd Mändl, in Begleitung des Kameramannes Baur. Bei eventuellem Ausfall des einen oder anderen Bergsteigers treten Werner Haim für Felix Kuen – Hans Saler für Gerd Baur als Ersatzmann auf. Nach erfolgreicher Gipfelbesteigung durch die vorgesehenen beiden Seilschaften können weitere Teilnehmer folgen, soweit kein Wetterrisiko besteht und die von oben zurückgekommene Mannschaft nicht die Hilfe der anderen Kameraden zum Abstieg benötigt.

Mit jedem Tag werden unsere Hoffnungen auf einen erfolgreichen Abschluß unserer Fahrt geringer. Der 20. Juni war ursprünglich Stichtag für einen Gipfelvorstoß. Ende Juni muß man bereits mit einer erheblichen Störungsfront rechnen – Ausläufer des Monsunregens, der sich bis nahe an den West-Himalaya heranschiebt. Dann herrscht am Nanga Parbat ein Wetter, wie bei uns in den Nord-Alpen, wenn Föhn herrscht. Die Wissenschaftler sehen den indisch-pakistanischen Sommermonsun heute nicht mehr nur als einen einfachen klimatologischen Begriff, sondern im Zusammenhang mit dem Störungsaufbau der ganzen Atmosphäre – seinen wettermäßigen Schwankungen von Tag zu Tag. Der Monsun ist eine seichte Südweststromung, die bis 6000 m hoch reicht. Er entsteht durch das Druckgefälle, das in den Sommermonaten zwischen der aufgeheizten Atmosphäre über den Wüstengebieten und den kühleren Zonen über dem Indischen Ozean entsteht.

Was ich während unseren Nanga Parbat-Expeditionen immer wieder beobachten konnte, sind Höhenwinde, die über der Monsunzone liegen und in einer Höhe von acht- bis zwölftausend Metern von Südosten nach Nordwesten strömen. Dieser Sturmgürtel wurde von Toni Kinshofer am Nanga Parbat während seines Abstiegs vom Gipfel am 23. Juni 1962 als äußerst störend empfunden. Das Wetter war seinerzeit wolkenlos, und von unten erschien es sogar ziemlich windstill. Den Gipfelbezwingern jedoch vereiste die Atemluft im Höhensturm Gesicht, Brille, Pullover und Anorak.

Warten auf besseres Wetter

Am 10. Juni kommt die Sonne wieder durch. Die Neuschneelawinen lösen sich von den Steilhängen. Im Hauptlager wird zum Aufbruch in die Hochlager gerüstet.

In der Nacht zum 11. Juni steigen die meisten in einem Zug zum Lager 3 empor. Aber die Freude am Angriff ist nur von kurzer Dauer. Bereits am Nachmittag trübt es sich wieder ein. – Peter Vogler hat sich bei der Arbeit an der Seilwinde übernommen und erkältet. Er hustet Blut, ist erschöpft und hat Fieber. Die Lungenentzündung ist eine gefürchtete Krankheit in großen Höhen. Vogler muß also umgehend ins Basislager gebracht werden. Saler hilft ihm über die steilen Flanken zum Lager 2 hinab, dort übernehmen ihn einige Hochträger, die ihn weiter zum Lager 1 hinabgeleiten.

Zu diesem Zeitpunkt befinde ich mich auf dem der Expeditionsroute gegenüberliegenden Rupal-Kamm. Ich will das Gelände beobachten und Teleaufnahmen von der Rupal-Flanke machen. Ich habe ein Funksprechgerät dabei und bin mit allen Hochlagern in Verbindung. So erfahre ich gleich von Voglers Zustand. Per Teleport gebe ich ärztliche Anweisungen. Gegen 16 Uhr erreicht Vogler das Lager 2. Dort erhält er eine hohe Dosis Penicillin, Dicodid gegen seinen quälenden Husten und Pervitin. Unter dem Einfluß dieser kombinierten Arznei schafft er den Abstieg bis ins Hauptlager in fünf Stunden.

Inzwischen bin ich mit Alice von Hobe und unseren noch verbliebenen Hochträgern vom Rupal-Kamm zum Hauptlager abgestiegen. Als dann Vogler zwei Stunden später dort eintrifft, kann er umgehend behandelt und versorgt werden. –

Im Laufe der nächsten Tage kommen alle aus den Hochlagern herab. Das Wetter ist unmöglich! Die kommende Woche ist erfüllt von trüben Gedanken über den Zeitverlust, den uns die Witterungsverhältnisse einbringen – von Hoffnungen auf einen guten Wetterbericht aus Rawalpindi – von Überlegungen, wie wir die Aufenthaltszeit für die Expedition eventuell über einen bereits festgelegten Abreisetermin hinaus noch verlängern könnten.

Am Spätnachmittag des 16. Juni schleichen sich die Gebrüder Messner mit Raab und von Kienlin aus dem Hauptlager und wollen »mal dahinter« gegen Shaigiri gehen. Raab kommt später wieder ins Hauptlager zurück. Am nächsten Tag kehren die anderen drei mit der Erstbesteigung des Shaigiri-Peak (5950 m) durch Reinhold und Günther Messner zurück.

Da wollen die anderen nicht zurückstehen und brechen am 18. Juni zur Rupal-Pyramide auf – nehmen auch noch den dahintergelegenen Rupal Peak (5595 m) mit und kommen recht zufrieden wieder ins Hauptlager zurück.

In diesen Tagen verschlimmert sich mein Husten wesentlich. Schon in Lager 1 hatte ich eine Influenza und seither auch Bronchitis. Jetzt aber gefällt mir mein Zustand nicht mehr: mitten in der Nacht messe ich meine Temperatur – und erschrecke, denn es sind fast 40°. Ich stelle eine Lungenentzündung fest – ich muß sie mir auf der Exkursion zum Gegenhang geholt haben, wo ich in der Nacht stundenlang naßgeschwitzt auf die Träger warten mußte. – Die nächsten zehn Tage sind hart, ich bin ans Zelt gebunden. Alice versorgt mich glänzend. – Zur gleichen Zeit während einer Expedition zwei akute Lungenentzündungen! Duplizität der Fälle, wie wir Mediziner sagen.

Ausflug ins Hochlager 2

Alice von Hobe berichtet: »Im Hauptlager ist es noch still oder besser gesagt – wieder still. Denn früh um 5 Uhr haben die Hunzaträger in gewohntem täglichen Rhythmus ihre Zwanzig-Kilogramm-Lasten geschultert und sind mit schweren Schritten an unseren Zelten vorbeigezogen zum Aufstieg ins Lager 1.

Fast jeden Morgen mit ziemlicher Pünktlichkeit hört man sie aufbrechen und versucht im Halbschlaf, nach ihren Stimmen und Schritten die Anzahl der einzelnen abziehenden Gruppen zu schätzen, wie viele sich der Lastenträgergruppe unter der Leitung des treuen Sirdas Isa Khan angeschlossen haben.

Heute scheinen fast alle den Aufstieg wagen zu wollen. Ist vielleicht wieder schönes Wetter und ausnahmsweise keiner krank? Oder ahnen sie, daß es jetzt auf jeden Mann ankommt?

Die Schritte verhallen, und in der wieder eingetretenen Stille versuche ich, noch ein wenig weiterzuschlafen. Erst um 7.30 Uhr muß ich ja fertig sein, denn um diese Zeit warten meine kleinen Freunde auf mich, zwei scheue Hirtenbuben, die sich allmorgendlich durch Abgabe einer Kanne Milch ihre Rupee verdienen.

Diese „Kanne" ist ein unseren Ansprüchen an Hygiene nicht gerade genügender Teekessel. Ich muß also die Milch durchsieben, um sie wenigstens von den gröberen Schmutzteilen wie Holzstückchen oder vereinzelten Strohhalmen zu befreien. Aber zu Kakao, Pudding und Griesbrei verarbeitet, bereichert sie erheblich unseren Speisezettel und gibt uns das Gefühl, durch den Genuß der frischen Milch etwas für unsere Gesundheit zu tun!

Bis also besagte „Milchlieferanten" auftauchen, darf ich mich noch einmal genüßlich im Schlafsack umdrehen. Doch es gelingt mir nicht, wieder einzuschlafen; meine Gedanken sind oben bei den Kameraden, die sich um diese Zeit bestimmt schon wieder am Berg weiter hinaufkämpfen. Sollte jetzt noch einmal ein Wetterumschwung kommen, stünde es wohl schlecht um die Chance, unser Ziel zu erreichen.

Ich denke auch an unseren Expeditionsleiter, den seine Lungenentzündung nun schon 10 Tage ans Hauptlager fesselt; trotz aller Medikamente will das hohe Fieber nicht sinken. Er ist stark geschwächt und äußerst darüber deprimiert, in seiner Bewegungsfreiheit so sehr eingeschränkt zu sein, denn er will mindestens bis zum Lager 2 aufsteigen und außerdem versuchen, die letzten Vorbereitungsarbeiten in der Endphase vor dem Gipfelsturm von der Gegenseite der Rupalflanke aus zu filmen. Zur Akklimatisation hat er sich bereits in der 2. Woche unseres Aufenthaltes am Berg fünf Tage lang im Lager 1 in 4700 m Höhe aufgehalten. Diesen Plan muß er nun begraben und sich darauf beschränken, das Ringen um den Berg per Teleportgerät zu überwachen und die Mannschaft nur in Gedanken zu begleiten.

Auch ich habe noch eine Aufgabe zu erfüllen, die wir uns im Rahmen unserer medizinisch-wissenschaftlichen Untersuchungen gestellt haben: Vergleichstests in Hochlager 2. Bereits während der ersten Wochen hatte ich von allen Teilnehmern

EKG's und Blutbilder angefertigt, und alle hatten den Spirometer- und einen Leistungstest machen müssen. Nun ist es fraglich, ob bei der augenblicklichen Situation die Fortsetzung unserer Versuchsreihe für mich noch möglich ist.

Ich habe es mir so sehr gewünscht, wage aber nicht, um meine Abordnung zu bitten, da mein Aufstieg nur unter der Führung Peter Voglers möglich ist, der aber außer dem kranken Expeditionsleiter der einzige „Sahib" im Hauptlager ist und die Verwaltungsarbeiten erledigt. Auch mich beschäftigen zahlreiche kleine Pflichten den ganzen Tag: Trägerabrechnung, Verhandlungen mit unserem Begleitoffizier, Ausgabe von Medikamenten an hilfesuchende Einheimische und die Versorgung unseres kranken „leaders".

So bin ich überglücklich, als er sich beim Frühstück anscheinend etwas besser fühlt und mir von sich aus anbietet, am Abend dieses 24. Juni den Aufstieg zum Lager 2. zu unternehmen.

Wir haben strahlend schönes Wetter, der Himmel ist wolkenlos wie in den letzten drei Tagen. Wahrscheinlich ist dies die letzte Gelegenheit, die geplante medizinische Untersuchungsreihe vervollständigen zu können, und ich hoffe, in der mir zur Verfügung stehenden Frist – ich soll um die Mittagszeit des folgenden Tages zurück sein – alles schaffen zu können.

Vormittags suche ich noch aus unseren Medikamentenkisten die Arzneien zusammen, um die mich die Hunzaträger gebeten haben. Wir helfen ja ihnen und ihren Familien von Herzen gern, denn ihre Dankbarkeit ist für uns die schönste Gegengabe.

Das Mittagessen genieße ich bewußt als letzte warme Mahlzeit, stärke mich durch ein kurzes Mittagsschläfchen und packe dann meine Rucksäcke mit den benötigten Instrumenten und privaten Dingen. Dawalud Shah und Vilayat, zwei besonders zuverlässige Hunzaträger ziehen mit Gepäckstücken schon am späten Nachmittag los zum Lager 1.

Ich soll mit Peter Vogler folgen, doch wollen wir erst die Tageshitze abklingen lassen und brechen eine Stunde später auf. Um diese Jahreszeit ist es bereits lange hell, und länger als drei Stunden würden wir wohl kaum brauchen.

Seit meinem ersten Aufstieg zum Lager 1 sind vier Wochen vergangen und der Schnee ist erheblich abgeschmolzen. Bunte Frühlingsblumen schmücken das Bachbett, an dessen Rande wir leichten Schrittes aufsteigen. Die erste halbe Stunde begleitet uns unser treuer Isa Khan, wie er es so oft beim Aufstieg der anderen „Sahibs" getan hat. Ganz plötzlich bleibt er dann stehen, reicht uns die Hand und murmelt einige für uns unverständliche Abschiedsworte. In seinem festen Händedruck und seinem Blick liegen alle guten Wünsche für unsere gesunde Rückkehr. Dieser warmherzige Sirdar würde in seiner rührenden Fürsorge am liebsten mit uns weitersteigen, um jeden unserer Schritte zu überwachen!

Vogler und ich steigen allein weiter. Mein Kamerad führt mich, die Bergunerfahrene, fachkundig und sicher. Wir entwickeln keinen Ehrgeiz, die Strecke in Rekordzeit zurückzulegen, sondern unterhalten uns, bleiben oft stehen und genießen den herrlichen Blick auf die im Abendlicht liegenden Berge.

Aber wir sollten vielleicht doch zügiger gehen. Es dämmert bereits, als wir oben am Rande der Felsrinne im Halbdunkel zwei Gestalten regungslos kauern sehen. Es sind Dawalud Shah und Vilayat, die an dieser Stelle auf uns warten, um sicher zu gehen, daß wir auch die enge Passage zwischen den Felsrippen ungefährdet durchsteigen. Sie geben dem letzten Teil des Seils, an dem wir uns hochziehen müssen, durch Anziehen die nötige Spannung. Ich bin gerührt über diese Fürsorge, denn niemand hat sie dazu angehalten. Etwa um 20.30 Uhr erreichen wir dann gemeinsam unser vorläufiges Ziel.

Max von Kienlin, der augenblickliche Verwalter von Lager 1, liegt bereits in seinem Zelt, denn er hat sich den ganzen Tag über nicht wohlgefühlt, war appetitlos und hatte etwas Temperatur.

So ist er sichtlich froh, unerwarteten Besuch zu bekommen, mit uns sprechen zu können und, wie er sagt „mit der Außenwelt Verbindung zu haben", denn Lager 1 hat mit den übrigen Lagern keinen Sprechfunkverkehr. Und den ganzen Tag sich nur mit den Trägern unterhalten zu können, ist bestimmt nicht sehr abwechslungsreich.

So berichtet er von seinen Erlebnissen – wir von denen im Hauptlager – und daß es Dr. Herrligkoffer zwar etwas besser, aber keineswegs gut geht. Wir übermitteln ihm auch dessen ausdrücklichen Wunsch, daß er am nächsten Tage ins Hauptlager zurückkehren soll, um die Verwaltung zu übernehmen. Für ihn soll Peter Vogler im Lager 1 zurückbleiben.

Während wir uns unterhalten, behandelt dieser den Ausschlag unseres kranken Maximilian mit einer Salbe aus dem mitgebrachten Vorrat, und ich bereite für uns ein kleines Abendessen. Es ist etwas mühsam, sich bei der Dunkelheit in der „Freilichtküche" zurechtzufinden und mit den klammen Händen die Butter auf dem Brot zu verteilen. Die wohltuendste Stärkung ist jetzt natürlich eine Tasse Tee.

Sehr bald aber kriechen Vogler und ich in die Schlafsäcke und versuchen, für etwa drei Stunden Schlaf zu finden. In dieser Höhe ist für mich jedoch nicht daran zu denken. Ich dusele nur so leicht vor mich hin und entspanne mich, um wenigstens auszuruhen. Gegen 0.30 Uhr etwa „weckt" mich Peter, d. h., er erklärt, wir müssen langsam zum Aufbruch rüsten. Dann weckt er auch die Träger.

Während ich sonst ein ausgesprochen schlechter Aufsteher bin und immer wieder vor mir selbst eine Entschuldigung finde, um mir noch eine Verlängerung zu genehmigen, bin ich diesmal erstaunlich schnell auf den Beinen. Ganz so rasch geht es natürlich nicht, denn noch im Liegen versuche ich, mir all meine vielen warmen Hüllen überzuziehen, um ja nicht der im Schlafsack gespeicherten Wärme verlustig zu gehen. Vor allem gilt es, die noch warmen Füße in die vorgewärmten Innenschuhe zu praktizieren.

Peter ruft auch hinüber zu Max, um ihn zu wecken. Am Abend hat dieser es im Hinblick auf seinen angeschlagenen Gesundheitszustand offengelassen, ob er mit uns zum Lager 2 aufsteigen würde. Nun hören wir aus seinem Zelt nichts weiter, als ein eifriges Räumen, während wir uns heiße Ovomaltine und Müsli einverleiben.

Um 1 Uhr sind wir startbereit, auch die Träger. Nur Max fehlt. Warum braucht er eigentlich so lange? Wartend gehen wir den Weg vor den Zelten auf und ab, um nicht allzusehr zu frieren, und sind schon leicht ungehalten. Da endlich öffnet sich der Schlitz seines Zeltes und heraus ins Mondlicht schiebt sich Arab Khan mit Maxens großem Privatrucksack. Vogler und mir kommt es etwas sonderbar vor, für den Auf- und Abstieg am gleichen Tage so viel Gepäck mitgehen zu lassen, aber schließlich glaube ich, es ist seine Kamera-Ausrüstung.

Unser Ärger über den verzögerten Abmarsch verraucht schnell, und mit einer Viertelstunde Verspätung setzen wir uns in Bewegung. Im hellen Mondlicht erkennen wir deutlich den Weg nach oben. Peter steigt als Führer der Kolonne mit gleichmäßig langsamen Schritten voraus und bringt dadurch auch mich in einen absolut ausgeglichenen und keineswegs anstrengenden Rhythmus.

Zudem kenne ich den ersten Teil bis zum Wielandgletscher von meinen Übungsgängen während unserer ersten Aufenthaltswoche im Lager 1. Max steigt hinter mir, ihm folgen die Träger. Vom Wieland-Gletscher ab ist ein Seil gespannt, und Vogler belehrt mich, die ich zum ersten Male in meinem Leben am Seil gehe, wie ich die Füße zu setzen, vor allem aber, wie ich umzufassen habe. Sehr sorgsam achtet er auf jeden meiner Griffe und korrigiert mich von Zeit zu Zeit, die ich für diese Mühe überaus dankbar bin. Mit seinem Eispickel hackt er kleine Stufen in den Harsch, um uns den Aufstieg zu erleichtern. Infolgedessen müssen wir langsam steigen, weshalb ich den Weg durchaus nicht als strapaziös empfinde. Schritt auf Schritt gewinnen wir an Höhe. Wir sprechen kaum.

Nur als sich gegen 3 Uhr das erste Tageslicht im Osten hochschiebt und die Morgenröte die Berggipfel vergoldet, muß ich meine Begeisterung den anderen einfach mitteilen. Ich bin von tiefer Dankbarkeit erfüllt, dieses einmalige Naturschauspiel miterleben zu dürfen – soweit man sehen kann, Berge, Berge, im Schimmer der Morgensonne langsam emportauchend. Dieser Abschnitt des Aufstiegs wird mir unvergeßlich bleiben.

Doch über aller Begeisterung darf ich das Steigen nicht vergessen, vor allem muß ich mich als „Flachlandtirolerin" erheblich mehr konzentrieren als die anderen. Prompt passiert es dann auch, daß ich statt mit der linken Hand richtig umzugreifen, mich mit meinem, für ein Abgleiten äußerst geeigneten Perlonhandschuh, auf die glatte Schneefläche stütze und einige Meter abrutsche. Gottlob bin ich durch ein Seil gesichert, die Hunzaträger ziehen mich hilfreich wieder herauf und warten, bis ich mich beruhigt habe, denn der Schreck sitzt mir doch einige Sekunden lang in den Gliedern. Dann steigen wir weiter bis gegen 7 Uhr, vorbei an bizarren Eisspalten und Eiswänden, an denen Eiszapfen im morgendlichen Sonnenlicht erglänzen.

Nun erreichen wir das Lager 2, unter einer steilen Eiswand mit phantastischem Rundblick, herrlich gelegen. Michl Anderl und Elmar Raab begrüßen uns mit „Hallo"; Elmar hat Unmengen von Tee mit Zitrone für uns und die Träger bereitet, eine hochwillkommene, köstliche Stärkung nach diesem Aufstieg.

Rasch trinke ich eine Tasse Tee und widme mich dann meiner eigentlichen Aufgabe, den medizinischen Tests. Elmar schleppt zu diesem Zwecke eine Luftmatratze aus dem Zelt, ich baue mein EKG-Gerät auf und suche mir mein erstes Opfer. Natürlich müssen zuerst Anderl und Raab herhalten, denn Max und Peter sollen sich erst einmal vom Aufstieg etwas erholen. Doch sind sie noch so fit, daß sie Elmars gekonnte Kniebeugen mit spöttischen Kommentaren versehen, sowie den Leistungstest, den sog. Stepptest, der auf 5500 m Höhe im Vergleich zu den 3600 m im Hauptlager schon schwerer fällt. Aber in wenigen Minuten soll es ihnen nicht besser ergehen. Bei den 3 Minuten Auf- und Abstieg auf der 40 cm hohen Stufe gelingt es ihnen nicht, ein gewisses „Schnaufen" zu verheimlichen. Ich kann auch noch den Spirometertest vornehmen und bin glücklich, wenigstens einige Meßergebnisse aus einem Hochlager in der Tasche zu haben.

Die Träger werden schon ungeduldig und drängen zum Aufbruch. Der Schnee wird sonst für einen Abstieg zu weich und die Lawinengefahr steigt. Hastig verstaue ich meine Geräte, trinke dankbar noch eine Tasse Tee und melde mich zum Abstieg bereit.

Doch einer fehlt – Max. Schließlich kommt er mit Elmar Raab von der Winde her auf das Lager zu geschlendert und erklärt, während Peter zum Aufbruch treibt, er bleibe oben. Zuerst halte ich das für einen dummen Scherz, doch dann merke ich, daß es ihm ernst ist. Nun verstehe ich, warum er den großen Rucksack hat herauftragen lassen. Er hat in aller Stille sein Bleiben geplant, und ich bin in einer dummen Lage, denn ich habe vom Expeditionsleiter den ausdrücklichen Befehl, Max mit ins Hauptlager herunterzubringen. Meine wiederholte Bitte und Michls, des stellvertretenden Expeditionsleiters, Einschalten bleiben erfolglos, und ich koche innerlich vor Zorn. Max beharrt auf seinem Standpunkt, in der augenblicklichen Situation habe er das Recht, sich nach Belieben zwischen den Lagern bewegen zu können, ohne Rücksicht darauf, ob er an anderer Stelle nützlicher sei. Nach einem ziemlich unerfreulichen Wortwechsel entschließt sich dann Michl Anderl, anstelle von Max abzusteigen, um die Aufgaben des Hauptlagerverwalters zu übernehmen und den kranken Leader zu entlasten.

Es ist dann höchste Zeit, als wir gegen 8 Uhr aufbrechen. Mir fällt der Abschied recht schwer, denn das Vergnügen an diesem wunderschönen Fleckchen Hochgebirge ist allzu kurz gewesen. Fast die ganze Zeit war mit Arbeit ausgefüllt.

Der Abstieg erfordert meine ganze Konzentration; die Anstrengung des Aufstiegs und die verhältnismäßig kurze Rast machen sich bemerkbar. Mein Schutzengel Peter geht hinter mir und führt mich sicher am Seil wie einen Hund an der Leine. Oft sinke ich bis zu den Knien im Schnee ein, stolpere, rutsche ab. Dann überholt uns Michl, der inzwischen mit seinem persönlichen Rucksack nachgekommen ist, und gibt mir von unten her Anweisungen wegen des günstigsten Weges. So gut von vorn und von hinten geleitet, muß es doch klappen.

Im Lager 1 lege ich eine Stunde Pause ein, um noch etwas umzupacken. Dann verabschiede ich mich von meinem fürsorglichen Bergführer Peter, der hier zurückbleibt als Lagerverwalter, und steige mit Dawalud Shah und Vilayat zum Hauptlager ab. Michl ist inzwischen weitermarschiert.

Nun zeigen auch die beiden Hunzas Ermüdungserscheinungen; ich merke das an ihrem schwankenden Gang. Wieder versuchen wir, durch Abrutschen den Weg zu verkürzen, dann aber beginnt das Balancieren über Felsen und kleine Schneerinnsale. Auf einer breiten Lawinenspur rutscht Vilayat plötzlich aus, überschlägt sich samt seinem Rucksack und segelt nicht gerade im Zeitlupentempo etwa 30 m den Hang abwärts. Ich befürchte schon das Schlimmste, doch er fängt sich wieder, steht grinsend auf und hält triumphierend eine Fischdose hoch, die er beim Sturz gefunden hat. Sie muß wohl aus einem Rucksack stammen, den eine Lawine von einem der oberen Lager mit sich gerissen hatte. Er ist über seinen Fund glücklich wie ein beschenktes Kind und vergißt darüber rasch den ausgestandenen Schreck.

Gegen 12 Uhr erreichen wir das Hauptlager. Isa Khan eilt uns schon von weitem entgegen. Dr. Herrligkoffer erwartet uns vor dem Zelt und freut sich über unsere rasche Rückkehr.«

Erneuter Vorstoß in die Hochlager

Eine Schönwetterperiode bahnt sich an. Wir wollen die Tage für den ersten und vielleicht auch letzten ernsthaften Gipfelvorstoß nutzen. Am Abend des 18. Juni steigen die Gebrüder Messner zusammen mit Werner Haim, Elmar Raab und 12 Hochträgern ins Lager 1 auf. Anderntags versuchen sie bis Lager 2 vorzudringen, bleiben aber in den Neuschneemassen stecken. Sie lassen die schweren Rucksäcke an den Stahlseilen hängen und kehren zurück ins Lager 1.

Nach Mitternacht steigen sie abermals auf – erreichen die Seile am Wieland-Felsen – aber drei der Rucksäcke wurden inzwischen durch eine Staublawine die Steilflanken hinabgerissen. In der frühen Morgenstunde erreichen sie das total verschüttete Hochlager 2 und machen sich sofort an die »Ausgrabungsarbeiten«.

Gegen Abend desselben Tages steigen Kuen, Kroh und Baur zum Lager 1 hoch, um am darauffolgenden Tag den Anschluß zur Spitzengruppe wieder herzustellen. Kroh bleibt in Lager 2, Baur und Kuen klettern noch die Wieland-Eiswand hoch und erreichen um 9 Uhr Lager 3. Bis in die Nachmittagsstunden hinein schaufeln sie den Schnee aus der Eisgrotte.

Am gleichen Tag sind Mändl und Saler vom Hauptlager zum Windenlager hochgestiegen, um es zusammen mit Haim zu besetzen. Die Zelte sind total verschüttet, sie müssen ausgeschaufelt und neu aufgestellt werden. Die Winde wird freigelegt. Erst andertags kann mit der mühevollen Arbeit des Lastenaufzugs wieder begonnen werden.

Am 23. Juni verstärkt Jürgen Winkler die Mannschaft in Lager 2 und versucht, gute Fotos zu schießen. Gleichzeitig übernehmen Michl Anderl und Wolf-Dietrich Bitterling das Kommando an der Winde.

Weiter oben ist man bereits im Aufstieg gegen Lager 4. Felix Kuen berichtet darüber: »Im Welzenbach-Eisfeld ist blankes Eis. Im anschließenden Couloir sind die vor 20 Tagen eingebauten Versicherungsseile kaputt. Auch die Strickleiter ist nicht mehr da. Wir finden sie 40 Meter westlich von der versicherten Stelle. Reinhold Messner hantelt sich mit 2 Jümar-Bügeln am alten Seil hinauf und befestigt die Leiter neuerdings. Oben angekommen suchen Peter Scholz und ich das Zelt, das vor 2 Jahren hier als Lager 4 errichtet wurde. –

Wir sind schon um 9 Uhr 15 am alten Platz von Hochlager 4 und schaufeln nun seit dieser Zeit. Ich habe mich völlig übernommen, so daß ich am darauffolgenden Tag fast keine Kraft habe, unser Lager 100 m höher aufzubauen. Die Gebrüder Messner bauen ihr Zelt gleich am neu vorgesehenen Hochlagerplatz 4 auf. – Wir aber finden weder das Zelt noch die darin vermuteten Luftmatratzen. Alles ist inzwischen tief im Schnee verschwunden.

Wir verbringen die Nacht in einem Biwakzelt ohne Luftmatratzen. Dazu kommt, daß Günther Messner einen unvollständigen Kocher mit heraufgenommen hat. Somit können wir bis zum nächsten Mittag kein warmes oder flüssiges Essen kochen, was auf einer Höhe von etwa 6700 Metern einen großen Kräfteverschleiß bedeutet.

Nach einer kalten Nacht – so etwa minus 20° – erwachen wir bei einem herrlichen Morgen. Wir schlafen noch im Biwakzelt, und schon kommen die ersten Kameraden mit wichtigen Lasten für uns herauf. Es sind Werner Haim, Gerd Mändl, Hans Saler und Hermann Kühn. Bis 9 Uhr haben Peter und ich unser Zelt wieder zusammengeräumt und übersiedeln nun ins endgültige Lager 4, wo die beiden Messners bereits hausen. Um 10 Uhr beginnen wir mit dem Ausbau des Lagers, das jetzt aus zwei Zelten besteht. Werner Haim hat noch ein Pionierzelt heraufgeschleppt, das für uns viel Platz bietet. Werner ist überhaupt in einer blendenden Form.

Am Abend steigt Peter Scholz nochmal ins alte Lager 4 hinab und holt die restlichen Gegenstände, die wir nicht alle mitnehmen konnten. Unser Platz scheint hier ziemlich sicher zu sein. Damit wir vor dem Rieselschnee geschützt sind, wollen wir eine Plane aufspannen.

Der 25. Juni ist für uns ein Ruhetag. Die Gebrüder Messner dagegen steigen über das Merkl-Eisfeld auf und erkunden einen geeigneten Platz für Lager 5. Dieses

Eisfeld ist 50° geneigt und kann bei den diesjährigen Verhältnissen sogar ohne Steigeisen begangen werden. Die Schneeverhältnisse sind gegenwärtig zum Steigen außerordentlich gut. Landschaftlich ist der Aufstieg durch den unteren Teil des Merkl-Eisfeldes mit seinen Eisbalkonen traumhaft schön. Gegen Mittag kehren unsere Freunde zurück.

Fünf Sahibs und zwei Träger bringen weitere wichtige Lasten zu uns ins vierte Hochlager herauf. Eine großartige Leistung, wenngleich die zwei Träger auch nur bis zur Leiter hochgestiegen sind.

Heute sind auch Gerd Baur und Werner Haim zu uns herauf übergesiedelt.

Im Einsatz für die Spitzengruppe

Werner Haim berichtet: »Die Kameraden in Lager 4 sind nun von uns zu versorgen, und eine enge, kameradschaftliche Zusammenarbeit beginnt. Unser Weg geht über das sehr steile Welzenbach-Eisfeld und mündet im oberen Teil im Welzenbach-Couloir. Blankes Eis erwartet uns hier; die letzte Kraft kostet uns ein etwa 15 Meter hoher senkrechter und teilweise überhängender Eisbalkon. Auch die Höhe macht uns bereits zu schaffen.

An das Hochtragen von Sauerstoffflaschen ist vorerst nicht zu denken. Jeder von uns schleppt höchstens 8 Kilo. Wir sind jetzt zu viert, denn Hermann Kühn ist noch zu uns gestoßen. In Lager 3 wäre genug Sauerstoff vorhanden, aber wer trägt ihn hoch? Die Träger sind mit einer Ausnahme ausgefallen. Die gesamte Versorgung der Gipfelmannschaft ruht also auf unseren Schultern.

Der Sonnenaufgang im Welzenbach-Eisfeld ist immer ein wunderbares Erlebnis. Doch mit der Sonne beginnt auch der Stein- und Eisschlag – eine tödliche Gefahr für uns »Sahib-high-porters«. Ein Seilriß der 7 mm dicken Reepschnur würde uns zirka 3000 m tief stürzen lassen – die Wand hat hier eine Neigung von 60 bis 70°. Während des zweiten Aufstiegs spannen wir daher ein zusätzliches Sicherungsseil, um diese Gefahr auszuschalten.

Heute benötigen wir unbedingt einen Ruhetag. Unsere Körper sind ausgelaugt, nachdem wir zweimal hintereinander das Couloir, das der Matterhorn-Nordwand gleicht, durchstiegen haben. In der kommenden Nacht klettern wir dann zum dritten Mal mit unseren schweren »Wolken« zum Lager 4 empor. – Lediglich Hermann, unsere beste Stütze, trägt noch ein viertes Mal und schleppt auch zwei Sauerstoffflaschen zum Lager 4 herauf – für den äußersten Notfall, Höhenkoller, Lungenentzündung, wer weiß es?« –

Am 26. Juni wollen Felix Kuen und Peter Scholz am Ende des Merkl-Eisfeldes das Lager 5 errichten. Die beiden stehen um 2 Uhr 15 auf, treten hinaus in die kalte Nacht und versuchen, den Spuren der Gebrüder Messner vom Vortage nachzugehen. Aber die Spuren sind längst verweht. In ihren Rucksäcken tragen sie Zelte und 200 Meter Reepschnur, um das Sturmlager 5 damit aufzubauen. Bereits nach 4 Stunden erreichen sie an der östlichen Felsmauer eine Stelle, die ihnen für die Errichtung eines Zeltplatzes geeignet erscheint. Unter einem Felssporn nahe dem Eingang zur Merkl-Rinne hacken sie mit den Pickeln einen ebenen Platz aus dem 50° geneigten Eishang. Die Arbeit ist sehr kraftraubend, doch gegen 11 Uhr 30 haben sie es geschafft. Ein kleines rotes Klepperzelt bildet in 7350 Meter Höhe den letzten Stützpunkt vor dem Gipfel – eher ein Biwak als ein Lager.

Geländerseile bringen sie keine an, da man im Gegensatz zu den Eisverhältnissen im Merkl-Eisfeld im Jahre 1968 in diesem Jahr sehr günstige Schneeverhältnisse vorfindet. Beim Abstieg können sie sogar ab Mitte der Flanke am Hosenboden abfahren. So erreichen sie kurz nach 12 Uhr bereits wieder das vierte Hochlager.

»Bei unserer Ankunft im Lager 4« – so berichtet Felix Kuen – »ist leider noch kein Zelt vom Schnee geräumt. So müssen Peter und ich es tun. Die Kameraden vom Lager 3 brauchen heute ihren Ruhetag, um uns beim Gipfelangriff tatkräftig unterstützen zu können; sie haben keine Lasten heraufgeschleppt. Am späteren Nachmittag verlassen uns Günther und Reinhold. Sie steigen zusammen mit Gerd Baur zum Lager 5 auf, um am anderen Tag die Rinne zu versichern. Noch ahnen wir nicht, daß dies der letzte Abschied von Günther Messner sein soll.«

Um den Gipfelsturm

Am Nachmittag des 26. Juni meldet sich Reinhold Messner am Teleport aus Lager 4. Noch heute abend will er mit seinem Bruder und Gerd Baur zum Lager 5 aufsteigen, das Felix Kuen und Peter Scholz am Morgen errichtet haben. Er spricht von einer breiten Wolkenfront im Süden, die eilige Entscheidungen veranlasse. Ein Funkgerät würden sie nicht mit nach Lager 5 hinauf nehmen. Wir wollen deshalb den Spezial-Wetterbericht für unsere Expedition, den wir täglich gegen 18 Uhr aus Peshawar durch das Radio erhalten, mittels Raketensignal nach Lager 5 durchgeben. Zu diesem Lager haben wir ebenso wie zu den Lagern 2 und 3 Sichtverbindung.

Zunächst ist von zwei Raketenfarben die Rede – von rot und grün. Rot soll schlechten, grün guten Wetterbericht bedeuten. Ich unterbreche kurz das Teleportgespräch. Michl Anderl und ich gehen ins Zelt, stellen aber fest, daß wir lediglich zwei Raketen mit roter und zwei mit blauer Banderole haben. Vermutlich sind die andersfarbigen Raketen in den Hochlagern. Beim weiteren Teleportgespräch mit Reinhold Messner korrigiere ich die Farben von rot und grün auf rot und blau.

Im Hauptlager: Ich bediene das Teleportgerät – Michl Anderl hört mit mir zusammen an der Muschel. Alice von Hobe und Wolf-Dietrich Bitterling stehen vor uns und bekommen alle meine Antworten genau mit. Nach Ende des Gesprächs diskutieren wir gemeinsam das eben Gesagte noch einmal durch. Wir vier haben folgende Vereinbarung in Erinnerung:

Schönes Wetter: Blaue Rakete. – Die Besatzung von Lager 5 versichert am nächsten Morgen die Merkl-Rinne mit der dort lagernden Reepschnur, um am 28. Juni, also am nächsten Tag, gemeinsam mit Felix Kuen und Peter Scholz zum Gipfel aufzubrechen.

Zweifelhaftes Wetter: Blaue und rote Rakete zusammen. – Eigene Entscheidung der Besatzung von Lager 5. Dazu sagt Reinhold Messner: Für diesen Fall würde ich wenigstens einen Vorstoß die Merkl-Rinne hoch versuchen. – Darauf erwidere ich: »Du sprichst mir aus der Seele.« Denn auch ich bin der Meinung, daß man jetzt, nach der Errichtung des Lagers 5, alles versuchen sollte, was die Wetterverhältnisse zulassen.

Schlechter Wetterbericht: Rote Rakete. – Stop – Abwarten im Lager 5 oder Rückzug. Die rote Rakete wird nicht noch besonders besprochen. Bei schlechtem Wetter –

das bedeutet Schneefall und Höhensturm – wäre der Gipfel des Achttausenders aus 7350 m Höhe sowieso nicht zu erreichen, und ein Vorstoß käme schon im Bereich der Merkl-Rinne wegen Lawinen- und Steinschlaggefahr einem Selbstmordversuch gleich.

Im Lager 4: Reinhold Messner bedient das Teleportgerät. Die andere Lagerbesatzung – Günther Messner, Felix Kuen, Peter Scholz, Gerd Baur – hört allenfalls Reinhold Messner sprechen, nicht aber meine Antworten.

In den Lagern 3 und 2: Dort sind Dr. Kühn bzw. von Kienlin am Teleport; sie schließen sich der Auslegung Reinhold Messners an, d. h. Gipfelangriff im Alleingang bei roter Rakete!

Dennoch meint Dr. Kühn in einem Brief an mich vom 15. 8. 1970: »... und ich halte sie (die Raketengeschichte) auch gar nicht für so überaus wichtig.« – Elmar Raab schreibt im Brief vom 21. 8. 1970: »... ich finde die ganze Sache mit der roten Rakete, vor allem die Art, wie die ganzen Unstimmigkeiten jetzt in der Presse (Münchner Merkur) ausgeschlachtet werden, unschön und nicht zweckmäßig. Wir waren eine gute Mannschaft und verstanden uns prächtig.« –

Das war auch meine Meinung und die anderer Kameraden. Felix Kuen und Peter Scholz wußten von einem »Alleingang zum Gipfel« bei schlechter Wettervorhersage nichts; niemand hat nach ihrer Meinung im Lager 4 über ein solches risikobehaftetes Vorhaben gesprochen, auch nicht Reinhold Messner. Er sagte nur später im Kreise der Mannschaft des Lagers 4, bei schlechtem Wetterbericht wolle er am nächsten Tag die Merkl-Rinne erkunden, aber am gleichen Tag wieder zurückkehren. Auch das leuchtete noch ein, wenn man davon ausginge, daß einem schlechten Wetterbericht nicht unbedingt ein miserables Wetter folgen mußte.

Von besonderer sensationeller Bedeutung kann jenes Teleportgespräch auch für Reinhold Messner nicht gewesen sein. Später, am 4. Juli in Gilgit, schreibt er über den 26. Juni in sein Tagebuch: »Rasttag und am Abend mit Gerhard Baur Aufstieg in Lager 5, das Peter und Felix am Morgen eingerichtet haben.« Vor mir liegen auch Tagebuchblätter von Felix Kuen, Werner Haim und Peter Scholz; keiner schreibt auch nur ein einziges Wort über das Teleportgespräch. Nirgends wird die später so wichtig genommene Wetternachricht durch Leuchtraketen erwähnt!

Wäre die erst viel später auftauchende Gesprächs-Version, rote Rakete bedeute »Alleingang zum Gipfel« für Reinhold Messner, zutreffend gewesen – ich hätte schon am Teleport ablehnend geantwortet, allein schon wegen des sinnlosen Risikos, bei schlechtem Wetter einen Achttausender angehen zu wollen, und das auch noch allein!

Um 18 Uhr des 26. Juni gebe ich den eine halbe Stunde vorher erhaltenen Wetterbericht aus Peshawar in die Hochlager 2, 3 und 4 durch. Er heißt: »weather fair«. Unsere Freude ist groß. Jetzt scheint uns der Gipfelsieg möglich.

Lager 1 und das Windenlager sind zu diesem Zeitpunkt ohne Teleportverbindung mit dem Hauptlager. Peter Vogler und Günther Kroh können also das Gespräch zwischen Reinhold Messner und mir nicht hören. Trotzdem zitierte man sie später als Zeugen für die Messnersche Deutung der »Roten Rakete«. –

Zwei Stunden später schießt Michl Anderl, dem Wetterbericht entsprechend, eine Rakete mit blauer Banderole ab. Wir sind nicht wenig schockiert, als eine rote Leuchtkugel in den Himmel steigt. Würde die Besatzung von Lager 5 daraus eine schlechte Wetterankündigung ableiten und den nächsten Tag ungenutzt verstreichen lassen, könnte trotz tatsächlich schönen Wetters unser Angriffsplan samt der Versicherung der Merkl-Rinne gefährdet werden. Bis zum nächsten Morgen ist keine Nachrichtenübermittlung zu den Hochlagern möglich.

Für alle Fälle suchen wir sofort im Zelt von Gerd Baur. Vielleicht liegt dort noch eine andersfarbige Rakete. Aber wir finden keine. Wir müssen auf die Wettererfahrung der Spitzenmannschaft vertrauen, die ja auch weiß, daß Wettervorhersagen stimmen können oder nicht.

Wie wir später von Gerd Baur erfahren, wird die rote Rakete tatsächlich skeptisch aufgenommen. Am nächsten Morgen ist man davon überzeugt, daß der Wetterbericht nicht gestimmt habe. Reinhold Messner steht gegen 3 Uhr früh auf und erklärt, er wolle so hoch wie möglich aufsteigen und ohne Zwischenbiwak wieder ins Lager 5 zurückkehren. Günther Messner und Gerd Baur sollten inzwischen den unteren Teil der Merkl-Rinne versichern.

In aller Frühe machen sich Günther Messner und Gerd Baur daran, die Reepschnur für die Seilversicherung vorzubereiten. Ein »Seilsalat« bringt Günther Messner in Zorn. Er wirft das Seil hin und steigt seinem Bruder nach. Gerd Baur bleibt im Lager 5. Später hören wir, daß er wegen Halsschmerzen den ganzen Tag über im Zelt lag.

Am 27. Juni gegen 6 Uhr 10 sehe ich auf einem Eisfeld in halber Höhe der Merkl-Rinne einen schwarzen Punkt sich relativ rasch nach oben bewegen. Nach 20 Minuten entschwindet er wieder unseren Blicken. Mit Kameraden und einigen Hochträgern gehe ich alsbald ins obere Rupal-Tal hinein. Von dort kann man die obere Merkl-Rinne unter einem günstigeren Winkel beobachten. Aber weitere Bewegungen in der Rinne können wir nicht ausmachen; vielleicht wegen der zahlreichen Felspartien, mit denen die Rinne durchsetzt ist. Gegen Mittag kehren wir ins Hauptlager zurück.

Nach meiner Rückkehr schalte ich mich erstmals in das Teleportgespräch mit den Hochlagern wieder ein. Ich spreche mit den Besatzungen von Lager 2, 3 und 4, erörtere die Situation mit den Raketen von gestern abend und erkläre dabei ausführlich, daß die Besatzung von Lager 5 trotz der falschen Wetternachricht – die rote Rakete, die schlechtes Wetter bedeutet hätte, – dank ihrer Wettererfahrung nun doch aktiv geworden ist. Ich erzähle, daß ich vor wenigen Stunden einen Mann in 7500 m Höhe in der Merkl-Rinne habe hochsteigen sehen und daß wir den Vormittag über von verschiedenen Standpunkten aus die Merkl-Rinne und die weitere Aufstiegsroute – die Querung hinaus zur Südspitze – mit starken Gläsern beobachtet haben. Wir sind nun der Überzeugung, daß die Besatzung von Lager 5 entweder in der Rinne versichert oder gegen den Gipfel aufsteigt.

Es ergeben sich natürlich Fragen, wieso wir eine rote statt einer blauen Rakete geschossen haben, nachdem wir doch vorher über Teleport »weather fair« durchgegeben haben. Ich erkläre die Einzelheiten mit den blauen und roten Banderolen, aus denen wir entsprechend den heutzutage wohl weltweit gebräuchlichen optischen Markierungszeichen blaue und rote Raketenfarben gefolgert hatten. Erst hinterher, bei genauer Betrachtung der Raketenhülsen, seien die millimeter-großen Aufschriften entdeckt worden.

Als ich seinerzeit den Lapsus mit der roten Rakete mit den Teilnehmern besprach, hatte mir keiner auch nur eine Andeutung gemacht, daß eine rote Rakete »Alleingang für Reinhold Messner zum Gipfel« bedeuten könnte. Davon erfuhr ich erstmals durch das Interview von Reinhold Messner in der Bunten Illustrierten am 21. Juli 1970 – also mehrere Wochen später!

Den 27. Juni verbringen wir weiter mit angespannten Beobachtungen der Region oberhalb des Lagers 5. Es ist nichts mehr zu sehen. Wir gewinnen die Überzeugung, daß die Messners und Gerd Baur zum Gipfel aufgestiegen sind. Umso überraschter sind wir, als wir gegen Abend plötzlich aus dem Zelt des Lagers 5 eine Gestalt herauskommen sehen, die in Richtung Lager 4 absteigt. Mit Spannung erwarten wir das nächste Funkgespräch. Dann werden wir von dem Zurückkehrenden erfahren, was sich in den letzten 24 Stunden im Lager 5 abgespielt hat.

Später meldet sich Gerd Baur aus Lager 4. Er berichtet vom nächtlichen Aufbruch Reinhold Messners in die Rinne, aber auch davon, daß Günther dem Bruder in der Frühe nachgestiegen sei.

In der Zwischenzeit hat die Seilschaft Kuen-Scholz das letzte Lager erreicht. Es ist 20 Uhr. Wir schießen als verabredetes Zeichen für guten Wetterbericht nun eine rote Rakete. Wir haben ja nur rote Raketen! Für zweifelhaften bzw. schlechten Wetterbericht waren zwei oder drei große Lagerfeuer in der Nähe des Hauptlagers vereinbart.

Kuen und Scholz sollen in der Nacht zum Gipfel aufsteigen. Sie müssen dann auch auf die Brüder Messner stoßen, die sich zu diesem Zeitpunkt wohl im Abstieg befinden werden.

Die Versorgungsmannschaft – Haim, Mändl und Saler – hat an diesem 27. Juni ein Mammutprogramm zu bewältigen. Um 5 Uhr früh verlassen sie zum dritten Mal das Lager 3 in 5900 m Höhe und schleppen die letzten Lasten das Welzenbach-Couloir hoch bis ins Lager 4 hinauf. Dort können sie sich für ein paar Stunden in die Zelte legen und vorausschlafen – denn noch am Abend wollen sie gegen 20 Uhr zum Lager 5 aufsteigen. 1300 m Höhenmeter mit schwerem Rucksack in dieser Höhe – eine gewaltige Leistung!

Felix und Peter liegen in ihren Schlafsäcken auf Lager 5.

»Gegen 23 Uhr höre ich durch den Schnee jemand heraufstapfen«, schreibt Peter Scholz in sein Tagebuch. „Hallo!" rufe ich und Hans antwortet. Das ist die Bestätigung einer verlorenen Wette! Ich habe nie geglaubt, daß die Kameraden schon vor Mitternacht im Lager 5 sein würden.

Felix und ich machen uns zum Abmarsch bereit. Rasch ein paar Kekse und den warmgewordenen Käse aus der Hosentasche, einen Schluck Tee aus der Thermosflasche – das ist unser dürftiges Frühstück, das wir rasch hinunterschlingen, damit die Kameraden nicht allzu lange warten müssen und gleich in die noch warmen Schlafsäcke schlüpfen können.

Schlaftrunken hatschen wir in Richtung Merkl-Rinne hoch. Das Gelände ist steil und das Spuren anstrengend. Die Nacht ist stockfinster. Wie tasten uns höher. Es kommen die ersten schwierigen Passagen. Dann habe ich ein Malheur mit meinem Steigeisen, das sich vom Schuh löst. Im Dunkeln habe ich es schlecht befestigt. So steige ich jetzt mit einem halbbefestigten Eisen weiter, um Felix nicht unnötig aufzuhalten. Es ist nicht angenehm, für jedes Bein ein anderes Gefühl zu haben.

Beim ersten Dämmern erkennen wir die gewaltige Wächte am Ende der Merkl-Rinne über uns. Gegen 6 Uhr bilden wir uns ein, Rufe zu hören. Das müßten die Messners sein! Wir freuen uns schon auf die Begegnung. Die Freude bricht aber jäh ab, als Kuen Hilferufe zu hören glaubt. Was ist passiert? Wir steigen rasch weiter. Die Brüder Messner sind eine Nacht vor uns aufgebrochen. Wir wollten ursprünglich zusammen auf den Gipfel.

Später kommen wir in Rufnähe. Jetzt erfahren wir, daß die Messners am Gipfel waren, und nun vorhaben, auf einem anderen Weg abzusteigen. Komisch!«

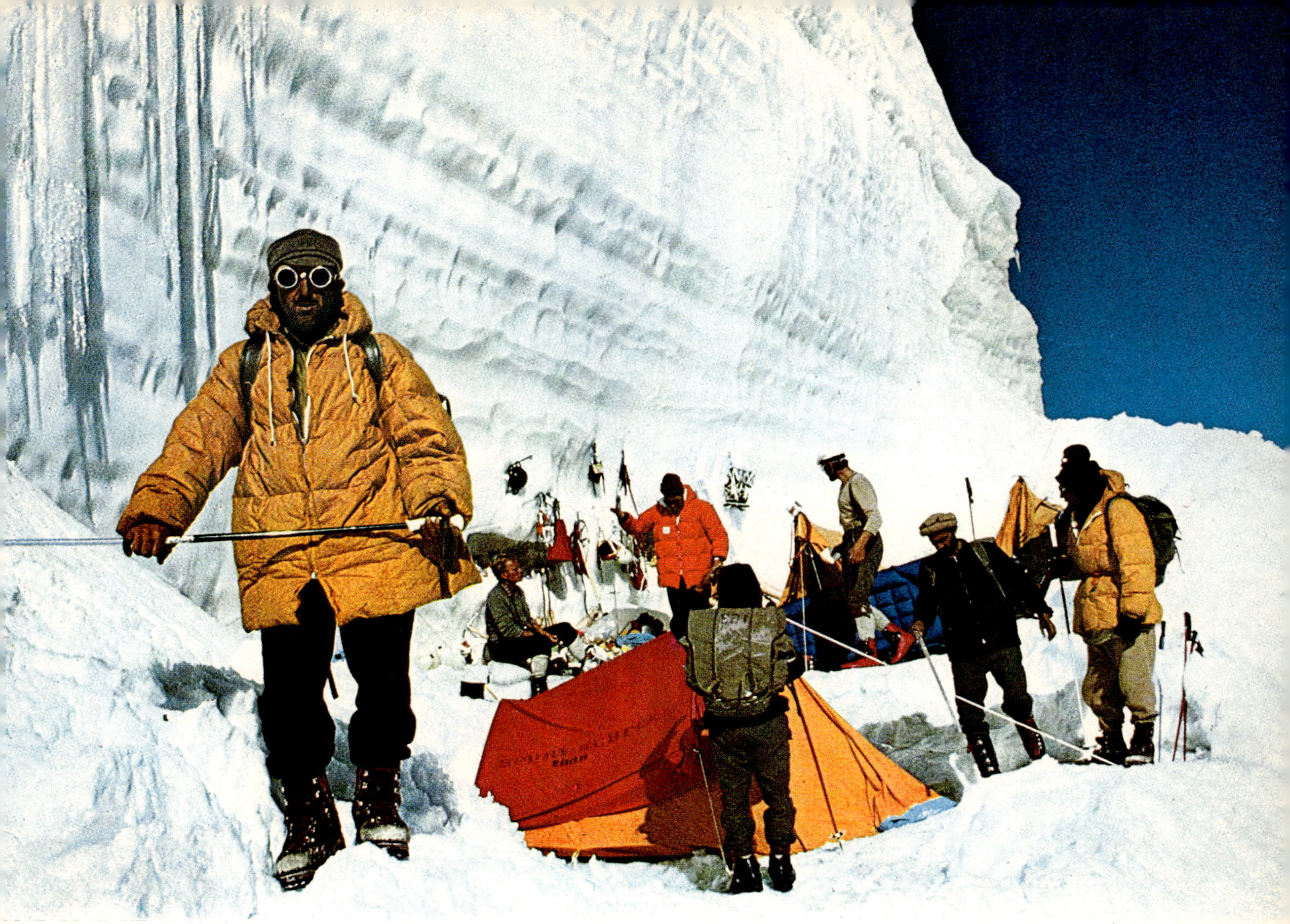
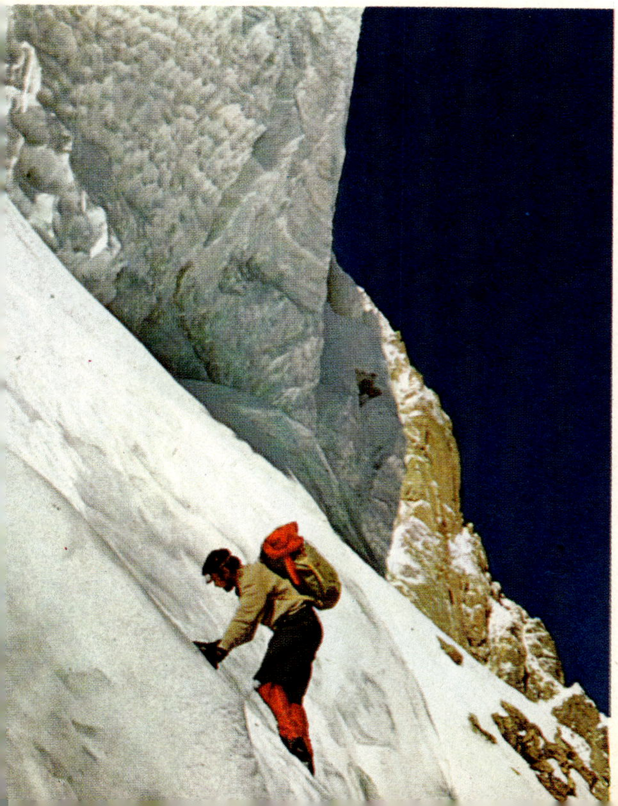
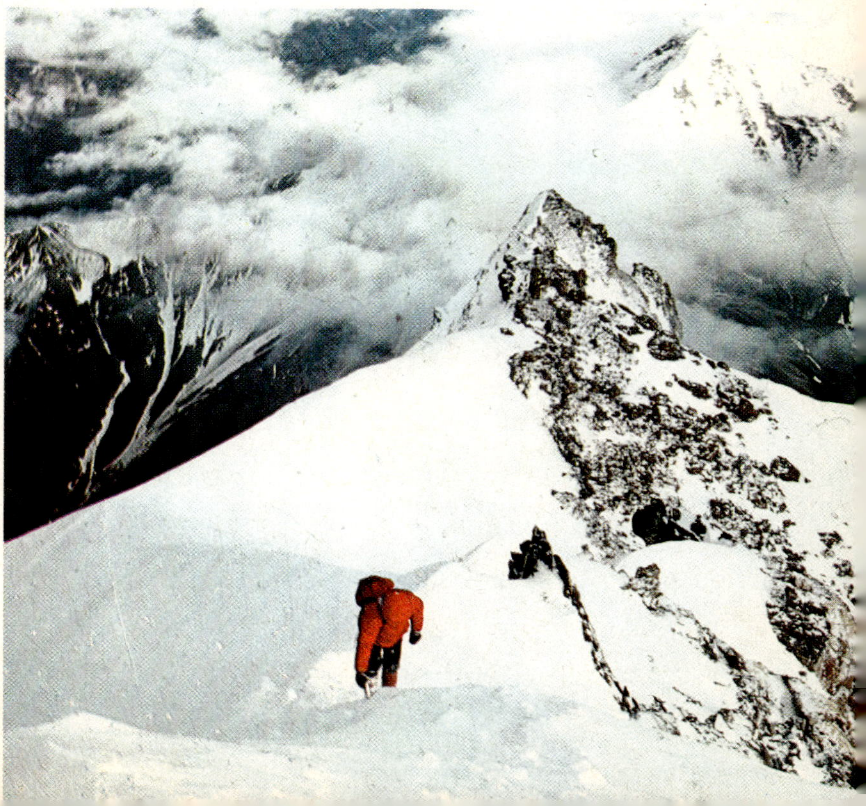

Aufbruch im Lager 2 (5500 m) auf dem Wieland-Gletscher.

Bitterling jun. mit schwerem Gepäck in der Wieland-Eiswand im Aufstieg zur Seilwinde.

Erschöpft nähert sich der vierte Gipfelsieger der Rupal-Expedition dem Ziel. Felix Kuen hielt vom Gipfel aus seinen Aufstieg im Bild fest.

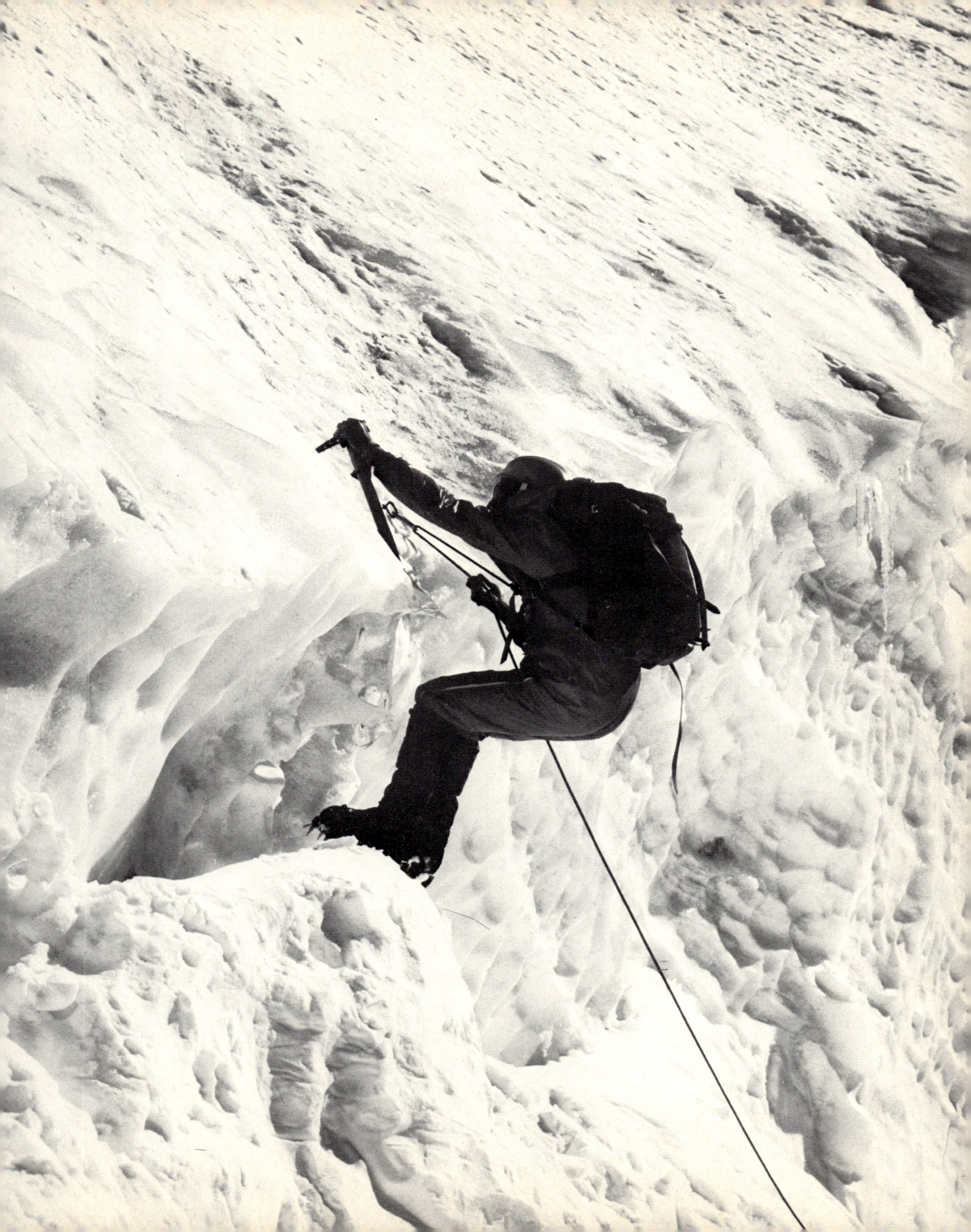

Vorhergehende Seite: Die Überwindung des Eisschrundes an der Wieland-Eiswand.

Oben: In Plastikbehältern, sog. „Bomben" werden die Lasten die Wieland-Eiswand hochgezogen.

Rechts: Die Aufstiegsroute führt über den Wieland-Hängegletscher empor.

L3 5900
WL 5800
Seil-
aufzug
300 m
L2 5500
Stahlseil-
versicherung

Günther Messner beim Kochen im Akklimatisationslager (5900 m).

Rechts: Felix Kuen demonstriert das Hochsteigen am Seil mit Jümarbügel.

Unten: Aufbruch vom 3. Hochlager, dem Akklimatisationslager, auch „Eisdom" genannt (5900 m).

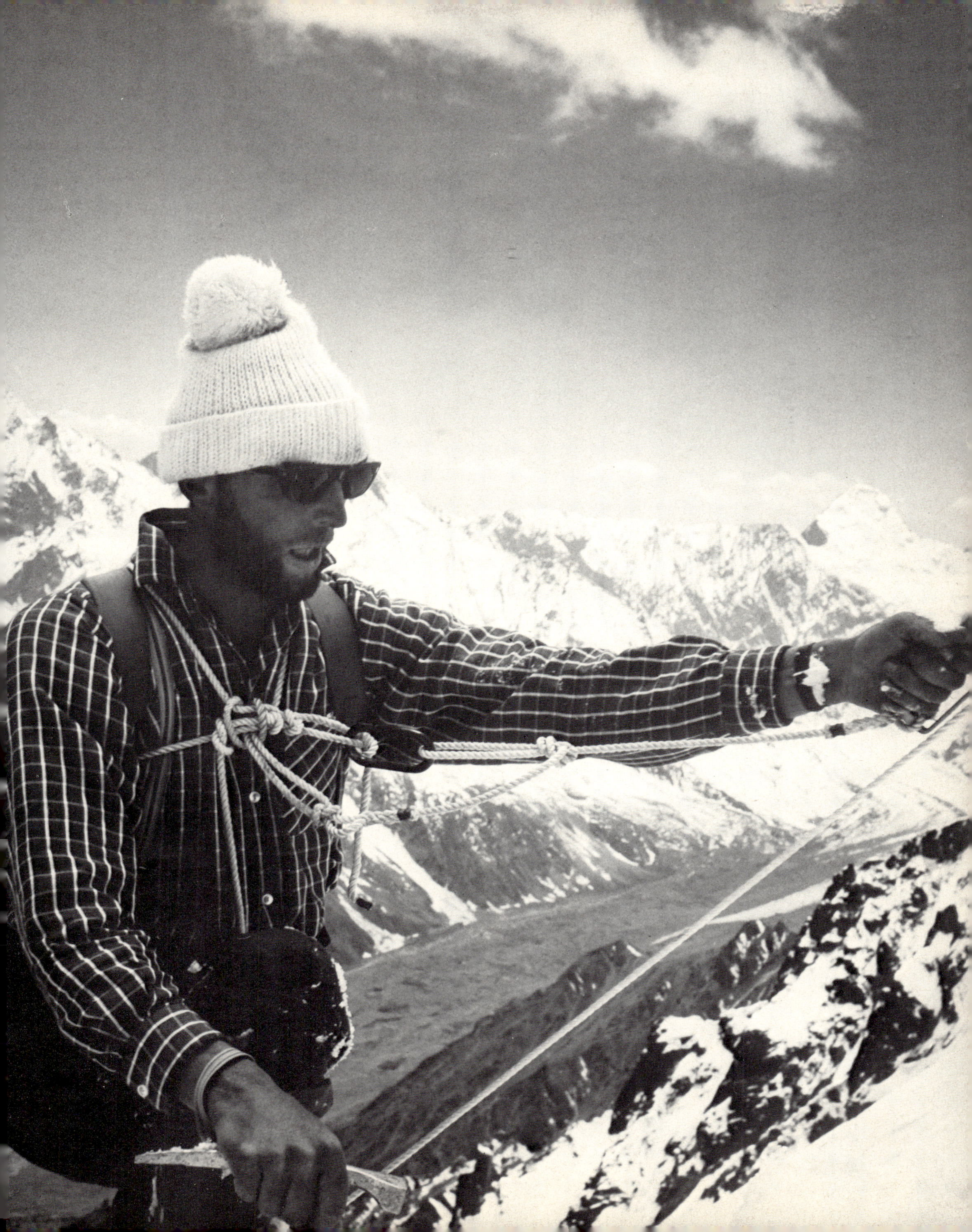

Aufstiegsroute

Tele-Aufnahme vom oberen Abschnitt der Rupal-Flanke. – Der Aufstieg von Lager 2 führt über die Wieland-Eiswand, über die mittels Seilaufzug die Lasten zum Windenlager emporgezogen wurden. In dieser Höhe (5800 m) endete 1964 der erste Besteigungsversuch. – Das Akklimatisationslager 3 befindet sich am unteren Teil des Welzenbach-Eisfeldes. Der Aufstieg über das Welzenbach-Eisfeld mündet oben in das Welzenbach-Couloir, dem zweiten und schwierigsten Bollwerk der Rupal-Flanke. Die Direttissima der Herrligkoffer-Route führt schließlich über Lager 4 im Gletscherbruch des Merkl-Eisfeldes empor zu Lager 5 in 7350 m Höhe. Hundert Meter tiefer endete im Jahre 1968 der Vorstoß von Wilhelm Schloz und Peter Scholz, den beiden Mitgliedern der Toni Kinshofer-Gedächtnis-Expedition. – Am Ende des Merkl-Eisfeldes beginnt der schwierige Aufstieg durch die Merkl-Rinne, die von den Erstbesteigern der Rupal-Flanke im oberen Drittel ostwärts gegen die Südspitze hinausgequert wurde. – Die Merkl-Rinne erreichten 1970 sieben Mitglieder der Sigi Löw-Gedächtnis-Expedition. Somit wurde während dieses Unternehmens die Rupal-Flanke siebenmal bezwungen und vier dieser Bergsteiger erreichten am 27. bzw. 28. Juni 1970 den Gipfel des Nanga Parbat.

Ein 10 m hohes Eiswandl – eine Sperrstelle am oberen Ende des Welzenbach-Couloirs – wird durch eine Strickleiter für Lastenträger gangbar gemacht.

Unten: Jürgen Winkler, der Expeditionsfotograf, bei einer Tee-Rast in Lager 3.

Oben: Hochlager 4 (6700 m), im Eisbruch des Merkl-Eisfeldes.

Felix Kuen und Peter Scholz haben eine Plattform für das 5. Hochlager aus dem Eis gehackt, ein Zelt aufgestellt und 200 Reepschnur deponiert.

Über die Zurufe am 28. Juni, gegen 10 Uhr, in der Querung zur Südspitze, berichtet Felix Kuen:

»Reinholds und Günthers Stimme konnten wir schon seit dem Morgengrauen hören. Einmal meinte ich, Hilferufe zu hören.« Auch Gerd Mändl, der um diese Zeit an der Spitze der Versicherergruppe in der Merkl-Rinne arbeitet, hörte Hilferufe. »Gegen 9.30 Uhr bemerke ich« – schreibt Felix Kuen weiter – »eine Gestalt am Grat, die zeitweise dort auftaucht. Wir winken uns zu. In 80 bis 100 m Entfernung kann ich Reinhold Messner erkennen. Er ruft „Hallo" und schreit uns dann zu, daß der Aufstieg westlich der Südspitze wesentlich kürzer sei, als jener östlich davon. Gestern gegen 17 Uhr sei er zusammen mit Günther auf dem Gipfel gewesen und befände sich jetzt schon im Abstieg. Ich erinnere mich der Hilferufe zwischen 6 und 8 Uhr und frage hinauf zu Reinhold, ob alles in Ordnung sei. Er ruft zurück: Ja, es ist alles in Ordnung. Ich atme auf, denn ich hatte nach den Hilferufen befürchtet, daß etwas passiert sei. Noch ahne ich nicht, daß die Tragödie schon gestern ihren Anfang genommen hatte, als Günther den voraussteigenden Bruder einholte. Erst später erfuhr ich, daß die zwei ohne Seil waren, ohne Biwak-Sack und ohne ausreichende Verpflegung, nur mit einer Sirius-Decke und Taschenproviant ausgerüstet. Und nun trägt mir Reinhold auf, den anderen auszurichten, er wolle über eine andere Route absteigen und werde dann schon wieder ins Basislager gelangen. Ich rate ihm von diesem Vorhaben dringend ab, worauf er sich mit einem Grußwort verabschiedet und sich bückt, um etwas aufzuheben; seinen Bewegungen nach sieht es so aus, als wäre es ein schwerer Rucksack. Dann verschwindet Reinhold am Grat.«

Die Rucksäcke der Brüder Messner aber waren im Zelt des Lagers 5 zurückgeblieben. –

Nach dieser Rufverbindung zwischen Felix Kuen und Reinhold geht die zweite Seilschaft ihren Weg schräg aufwärts gegen die Südspitze weiter. Die Höhe macht sich mehr und mehr bemerkbar. Auch das Wetter ist nicht mehr so sicher. Wolken ziehen auf. Es schneit. Peter Scholz wechselt endlich die Steigeisenberiemung aus. Das kostet Zeit, bringt ihm aber die gewünschte Sicherheit.

Kampf und Sieg

»Unser Aufstiegstempo gleicht einem Jahrmarktbummel« – berichtet Peter Scholz. »Alle fünf Schritte bleiben wir stehen, suchen Schutz hinter unseren großen Anorakmützen vor den herumtanzenden Schneeflocken. Bleibt man längere Zeit stehen, beruhigt sich der Atem wieder. Langsam und unauffällig fallen einem die Augen zu. Man merkt dies erst, wenn man die Balance verliert. Dann beginnt das Spiel von neuem. Bei heiklen Kletterstellen aber bin ich voll wach. Es wird gekämpft und getrickst. Sobald aber die Schwierigkeiten nachlassen, die Spannung sich verringert, beginnt das Fünf-Schritte-System wieder, und es geht eintönig weiter. Man denkt nicht viel, lediglich, daß man fest durchatmen muß – schnaufen, schnaufen, schnaufen! Ein Blitzgedanke: für was haben wir eigentlich den Sauerstoff dabei?

Es hat aufgehört zu schneien, die Wolkendecke lockert sich auf, und man erkennt allmählich mehr. Eine weiße Hochfläche mit schwarzen Felsgiganten liegt vor uns. Weiter entfernt ist ein hoher, in der Verlängerung des Grates mit lockeren Steinen aufgehäufter Hügel, der bisher alles zu überragen schien – der Gipfel! Ich hätte den Gipfel bis morgen warten lassen, aber Felix meint, was sollen wir hier oben mit dem angefangenen Nachmittag – und so stapfe ich hinter ihm drein, hinauf zum Grat. Die Wolken sind nun unter uns, und vor uns sehen wir die weiße, flache Pyramide, den Hauptgipfel des Nanga Parbat. Von der einen Seite ein herrlicher Firngrat und zur anderen ein Felsaufbau mit seltsamen Formen und Gebilden.«

Die Seilschaft Kuen-Scholz hat die Südspitze erreicht. Jetzt wird der Blick frei zum westlichen Grat. Kuen schaut hinunter zum Standplatz Reinhold Messners während der Rufverbindung am Vormittag. Auch das Ende der Merkl-Rinne kann Felix Kuen erkennen. Von den Messners aber ist nichts mehr zu sehen. Welchen anderen Abstieg mögen sie wohl genommen haben? Drüben zieht sich der Grat zum Westsattel weiter. Hat deshalb Reinhold im Hauptlager öfters vom Kinshofer-Weg gesprochen, der aus dem Rupal-Tal zum Westsattel hinaufführt? Oder sind die beiden gar in die ungesicherte Diamir-Flanke abgestiegen? Diese Gedanken beschäftigen Felix Kuen, während er Peter Scholz weiter vorausssteigt.

Dieser berichtet: »Trotz Sonne fegt immer noch ein eisiger Wind über den ‚Bianco-Grat'. Unser Fünf-Schritte-System bleibt trotz des nahen Gipfels unverändert. Jedoch die letzten Meter zu dem 8125 m hohen, heiß umkämpften Nanga Parbat-Gipfel, der viele Menschenopfer, Fleiß, Mühe und Qualen gefordert hat und der trotz eisiger Kälte im Augenblick ganz friedlich aussieht, sind überwältigend.

Ich steige den letzten Aufschwung zum Gipfel empor, und dann halte ich die Fahne an dem Eispickel in den Wind. In diesem Augenblick gibt es für uns beide nichts Wichtigeres auf der Welt, als diese winzige Plattform aus gepreßtem Schnee und bizarrem Fels. Wir stehen auf einem Achttausender – und ich träume nicht! Wir sind überglücklich. Ein kurzer Händedruck, die Handschuhe behalten wir an. Wir sparen uns ein Lächeln, denn dieses ist schon eingefroren.

Ich erinnere mich an unseren ACE-Club und hisse unsere Club-Fahne. Auch Felix hat seine Lokal-Fahne bei sich, die nun stolz unter der pakistanischen Flagge heftig im Wind flattert. Dann ziehe ich meinen Knautschi aus dem Rucksack, aber er schaut noch genauso dumm wie immer.

Meine Leica ist eingefroren und meine Hände sind klamm; so sammle ich lediglich noch ein paar Gipfelsteine und stolpere dann, unkontrolliert, den herrlichen Grat wieder hinunter.« –

An der Südspitze suchen die beiden einen geeigneten Platz für ihr Biwak in der Todeszone. Sie blasen ihr Sitzkissen auf und hüllen sich, nachdem sie ihre Schuhe abgelegt haben, in einen Zweimann-Biwaksack. Peter salbt sich vorher noch die Zehen ein und legt, wie sein Freund Felix, um den nackten Fuß eine Metallfolie, zieht die Socken darüber, legt noch einmal eine Metallfolie herum, dann schlüpft er in den Innenschuh hinein. Diese Schutzmaßnahme hat sich bestens bewährt. Die beiden kamen als erste Gipfelsieger vom Nanga Parbat ohne Erfrierungen wieder in die Niederungen zurück.

Der Biwaksack überzieht sich während der sehr kalten Nacht mit einer dicken Reifschicht. Ihr Biwak liegt auf der Westseite eines Felsens. Die wärmende Sonne am nächsten Morgen erreicht sie daher erst spät. Eisige Kälte umfängt sie in der Nacht und läßt sie kaum schlafen. Sie dösen, zittern und frieren. Aber der neue Tag ist traumschön. Das Wetter hat sich gebessert. In den ersten Sonnenstrahlen wärmen sie die steifgefrorenen Glieder. Dann packen sie ihre Sachen zusammen: Rucksack, Biwaksack, Luftkissen, drei Paar Wollhandschuhe, Kamera, Verbandszeug, Proviant für drei Tage, zwei Eisschrauben, drei Stahlhaken, zwei Knotenbänder, sechs Karabiner, den Klettergürtel, ein kurzes Stück Reepschnur, ein paar Leichtsteigeisen, die Sirius-Rettungsdecke, den Tiroler und den pakistanischen Wimpel.

Sie brechen auf und erreichen gegen 9 Uhr den Platz, an dem sie beim Aufstieg ihr Kletterseil hinterlegt haben. Von hier sind es nur noch vier Seillängen bis zum Einstieg in die Merkl-Rinne.

»Unsere Glieder sind noch immer ganz steif, es geht nur langsam abwärts« – berichtet Felix Kuen. »Der Tiefblick ins Rupal-Tal ist atemberaubend: unter uns bricht die Wand fast 5000 m ab. Das Basislager ist mit bloßem Auge von hier aus nicht zu erkennen. Am Vortag, während des Gewittersturms, der um den Nanga tobte, war viel Neuschnee gefallen. Jetzt konnten Lawinen unseren Abstieg gefährden. Peter fühlt sich nicht recht wohl. Eine Tablette Pervitin könnte seine Reservekräfte mobilisieren. Aber er bleibt hart, verschmäht die Tablette und arbeitet sich zäh über die Rinnen und Steilflanken hinunter.

Nur ganz langsam gelangen wir in der steinschlaggefährdeten Merkl-Rinne abwärts. Bei jedem Schritt höre ich jetzt Werner Haim genaue Anweisungen geben. Ich kann ihn aber nicht sehen. Schließlich bemerke ich noch viele japanische Alpinisten zwischen Lager 4 und 5 und beklage mich bei Peter, daß uns Karl darüber nichts gesagt hat. Peter erklärt mir, daß das alles gar nicht wirklich sei. Doch auch er hört bereits Stimmen, auch er hat Halluzinationen.

Einige hundert Meter vor dem Sturmlager 5 erreichen wir das Geländerseil, das Gerd Mändl zusammen mit Haim und Saler am gestrigen Tag in die Rinne eingebaut hatten, um den Rückweg zu erleichtern. Nun können wir mit größerer Sicherheit zum Lager 5 hinunter. Das Zelt ist völlig eingeschneit; das hindert uns nicht, dort zu rasten. Nach einer weiteren Stunde, so gegen 15 Uhr, steigen wir weiter ab. Auch dabei ist uns wieder die Reepschnur, die die Kameraden angebracht haben, eine große Hilfe. Durch ihre ausgezeichnete Unterstützung haben sie uns zum Gipfelsieg, der letzten Endes ein Gemeinschaftserfolg der ganzen Expedition ist, verholfen.

Kurz vor Lager 4 rufe ich aus Freude über unseren Erfolg „Hallo boys" – und schon sehe ich vier Konturen tief unter uns auftauchen. Es sind die Freunde, die uns voller Spannung erwarten. Bei ihnen angekommen, gibt es viele Fragen. Mändl, unser Super-Koch, bereitet ein hervorragendes Gipfelessen. Dann erfahren wir, daß uns die Kameraden für die beiden Messners gehalten haben, denn sie sollten – nachdem sie schon einen Tag früher aufgestiegen waren – eigentlich schon zurück sein. Wir schildern unsere Begegnung mit Reinhold. Niemand vermag seine Andeutung, über eine andere Route abzusteigen, zu verstehen.

Etwas zur Ruhe gekommen, melde ich mich über das Teleport beim Expeditionsleiter; ich erzähle über unsere Eindrücke und über die Begegnung mit Reinhold Messner. Die Leitung ist über das Nichtauftauchen der Messners ganz durcheinander. Wir wissen nicht, wie ihr Abenteuer, dieser alpine Lausbubenstreich, ausgeht; ein Lob wird ihnen nicht mehr gebühren. Sie sind ja nicht einmal westalpenmäßig ausgerüstet. Eines steht fest: sie haben unseren Plan nicht eingehalten und sich außerhalb unserer Gemeinschaft gestellt.«

Noch am gleichen Abend steigen Werner Haim und Gerd Baur ins Lager 3 ab, um den beiden Gipfelbezwingern ihr Zelt zu überlassen. Bald genießt Felix Kuen seinen Schlafsack und erwacht erst wieder weit nach Sonnenaufgang, um 9 Uhr früh.

»Am 30. Juni gegen 10.30 Uhr, nach einem kräftigen Frühstück, steige ich vom Lager 4 ab. Peter Scholz will später nachkommen« – berichtete Felix Kuen. »Nun machen sich bei mir die Anstrengungen der letzten Tage bemerkbar: trotz fixer Seile muß ich immer wieder eine kurze Rast einschieben. Werner hat mir die gesamte persönliche Ausrüstung mitgenommen. Ich trage nur das Sicherungsseil, das mir Saler und Mändl mitgegeben haben, damit sie anderntags leichter ihre eigene Ausrüstung transportieren können.

In jedem Lager wird mir das Beste zum Essen angeboten. Die Freude der Kameraden über mein Kommen ist mit Worten nicht auszudrücken. Um 16 Uhr bin ich im Basislager. Unser Leiter, der Captain, die Träger und alle Anwesenden umarmen mich.

Uns – also den Brüdern Messner, Peter Scholz und mir – ist die dritte Besteigung des Nanga Parbat gelungen. Erstmals wurde die höchste Steilwand der Erde, die 4500 m hohe Rupal-Flanke, von sieben Bergsteigern durchstiegen. Vier davon erreichten sogar den Gipfel. Aber die Messners fehlen noch. Alles, was wir wissen, sind die Zurufe Reinholds vor zwei Tagen droben am Gipfelgrat, daß sie einen anderen Abstieg nehmen, aber auch, daß alles in Ordnung ist.

Am Nachmittag kehren Michl Anderl und Wolf-Dietrich Bitterling von ihrem Erkundungsmarsch aus dem hinteren Rupal-Tal zurück. Ihre mit Spannung erwartete Meldung ist deprimierend. Obwohl sie den ganzen Tag bei besten Sichtverhältnissen vom Gegenhang aus die Rupal-Flanke – vom Kinshofer-Weg über den Westsattel bis hin zu unserer Aufstiegsroute – gewissenhaft mit starken Ferngläsern abgesucht haben, entdeckten sie von den Gebrüdern Messner keine Spur.

Allmählich beginnen die Kameraden in den Hochlagern mit dem Abstieg. Zahlreiche schwere Lasten treffen im Basislager ein, wo sie von Michl Anderl sortiert und verpackt werden. Alice macht noch Elektrokardiogramme und medizinische Tests, die in der Heimat ausgewertet werden sollen.

Es ist der 1. Juli. Inzwischen ist auch Peter Scholz nachgekommen. Er wird herzlich begrüßt. Aber unsere Genugtuung über den Sieg bleibt gedämpft.

Zwei Kameraden fehlen

Am Abend des 29. Juni wartete ich im Hauptlager voller Spannung auf den ersten Bericht der Messners per Teleport. Als sich Felix Kuen meldet und vom Gipfelsieg, aber auch von der Begegnung mit Reinhold Messner erzählt, bin ich so bestürzt, daß ich der siegreichen Seilschaft Kuen-Scholz gar nicht erst lange gratuliere.

Alles sei in Ordnung, habe Reinhold Messner gesagt. Aber der andere Abstieg, den die Messners wählen wollten, – jedenfalls außerhalb der mit Hochlagern und fast 4000 m fixen Seilen gesicherten Expeditionsroute? Und das in fast 8000 m Höhe am Grat zwischen Rupal- und Diamir-Flanke! War wirklich alles in Ordnung und wollte Reinhold Messner seinem Gipfelsieg nur noch eine weitere bergsteigerische Tat – einen eigenständigen Abstieg – anhängen? Oder verschwieg Reinhold Messner einen Notfall – wenn das der Fall war, warum verschwieg er ihn und forderte nicht die Hilfe von Kuen und Scholz an? Günther Messner war nicht am Grat zu sehen. – Was war mit ihm? Wie stand es um die gipfelgerechte Ausrüstung der beiden, die ja offenbar ganz spontan und unabhängig voneinander aufgebrochen waren? Andererseits stand fest, daß die Messners ihren Standplatz oberhalb der Merkl-Rinne bzw. am Gipfelgrat verlassen hatten, als Felix Kuen und Peter Scholz oberhalb der Südschulter zurückschauten. War doch »Alles in Ordnung«? Aber was bedeutete die Bemerkung Reinholds, er werde schon wieder, wenn auch über einen anderen Abstieg, zu uns stoßen? Haben sich die Brüder entschlossen, unterhalb des vom Gipfel herabziehenden Grates, auf der Diamir-Seite, zum Westsattel abzusteigen und von dort über den früher von uns schon erkundeten Kinshofer-Weg ins Rupal-Tal und zu uns zurück zu kommen? Das wäre noch die einzige realistische Alternative, außer dem Abstieg in der Fall-Linie hinunter durch die gewaltigen Serac-Zonen zum Diamir-Gletscher. Aber ohne Ausrüstung, ohne Zwischenlager und ohne Basis, weitab von der nächsten menschlichen Siedlung? Beide Messners sind zum ersten Mal im Himalaya. Möglich, daß Reinhold Messner, der Aktivere und besser Konditionierte, die objektiven Gefahren unterschätzt und ein Risiko für sich und seinen Bruder eingeht, das er nicht verantworten kann. Ich hatte doch meinen Grund, Günther Messner für den Gipfel nicht in erster Linie einzuteilen. Jetzt ist dieser junge, sympathische Kamerad irgendwo dort oben, vielleicht hilflos. Aber Reinhold Messner sagte doch, daß alles in Ordnung sei. Mußten die beiden denn ausgerechnet in der Todeszone aus der Reihe tanzen und unsere saubere Angriffsarbeit stören! Aber Reinhold hatte sich im Hauptlager recht eingehend nach dem Kinshofer-Weg erkundigt. Und zu Kuen hatte er ja gesagt, er werde schon wieder zu uns ins Basis-Lager kommen.

Meine Gedanken kreisen um die beiden und versuchten das tatsächliche Geschehen zu erfassen. Ich bin voll tiefster Bestürzung und Besorgnis über die Gefahr, in der sich die Messners jetzt befinden können. Dennoch haben die Messners offenbar das oberste Gebot, Extravaganzen zu unterlassen, verletzt, und ich suche mich selbst zu beruhigen mit dem Gedanken, daß laut Reinhold ja alles in Ordnung sei und daß sie schon zu uns zurückkehren würden. Die bohrende Sorge bleibt, und eines ist gewiß: wir müssen so schnell und so wirksam wie möglich nach den Vermißten fahnden. Seit vielen Jahren schien es für mich erstrebenswert, eine Expedition durch die Rupal-Flanke siegreich zum Gipfel des Nanga Parbat zu führen. Jetzt ist das gelungen, sogar gleich zweimal. Aber ich kann keine Freude darüber empfinden.

Zwei Kameraden sind seit ihrem Gipfelsieg vermißt. Nach der Rückkehr von Kuen und Scholz ins Lager 4 bitten mich Mändl und Saler, ihrerseits zum Gipfel gehen zu dürfen. Ich schlage es ihnen rundweg ab. Ich will kein neues Risiko mehr. Die Sorge um die Messners überschattet alles. Vielleicht habe ich ungerecht entschieden. Denn Mändl und Saler haben sich gemeinsam mit Werner Haim bis auf wenige Stunden an den Gipfel herangearbeitet und Vortreffliches geleistet. 300 m Seilsicherung haben sie allein in die schwierigsten Stellen der Merkl-Rinne hineingehängt. Gerade sie hätten sich einen Gipfelsieg sauer genug erarbeitet. Aber auch heute, nach genügendem zeitlichen Abstand vom damaligen Geschehen, glaube ich, richtig gehandelt zu haben. Unser gemeinschaftliches Expeditionsziel hatten wir erreicht. Ein nochmaliger lebensgefährdender Einsatz war nicht mehr zu verantworten.

Kurz streife ich während des Teleportgesprächs mit Felix Kuen den Gedanken, daß eine dritte Gipfelmannschaft während des Auf- und Abstiegs nach den Messners Ausschau halten könnte. Ich verwerfe den Gedanken sofort als unlogisch. Schon Felix und Peter hatten festgestellt, daß die Messners den von der Expeditionsroute einsehbaren Teil des Gipfelgrates verlassen hatten. Inzwischen mußten sie sich weit von diesem Bereich entfernt haben. Suchunternehmungen am Gipfelaufbau eines Achttausenders aber verbieten sich, wenn sie völlig ungezielt durchgeführt werden müßten. Die Kräfte einer Gipfelmannschaft sind erfahrungsgemäß so reduziert, daß sie nicht mehr oder weniger willkürlich in diesen extremen Höhen herumstapfen kann.

Dagegen stimme ich gerne zu, daß Mändl und Saler noch einen Tag länger im Lager 4 bleiben, für alle Fälle und um auch die letzte Möglichkeit eines an sich nicht zu erwartenden Abstiegs der Gebrüder Messner über das Merkl-Eisfeld einzukalkulieren. Denn immerhin waren die Messners schon am frühen Nachmittag des 28. Juni nicht mehr in jener Zone, von der aus noch irgendwie ein Heruntersteigen über Lager 5 und 4 in Betracht kam.

Mändl hatte meine Entscheidung als richtig empfunden. Saler, den ich seit unserer Expedition wegen seines zwischenzeitlichen Aufenthaltes in fernen Ländern noch nicht wieder sprechen konnte, scheint sie mir übel anzukreiden. Obwohl noch am 29. Juni bereit zum ausgesetztesten und gefährlichsten Unternehmen eines Gipfelvorstoßes, bemängelte er später die angeblich überaus große Gefahr seines Abstiegs vom Lager 4 zum Basis-Lager, entlang der fast 4000 m sicher über die ausgesetzten Stellen hinabführenden fixen Seile. Allerdings ist da sein Begleiter Gerhard Mändl gänzlich anderer Meinung. Er fühlte sich während des Abstiegs – in einem Zug von Lager 4 bis zum Hauptlager am 1. Juli – in keiner Weise gefährdet und hatte auch von Saler keinen anderen Eindruck. –

Aber zurück zu jenem denkwürdigen Bericht von Felix Kuen am späten Nachmittag des 29. Juni. Gebannt stehen wir während des Teleportgesprächs beieinander. Wolf-Dietrich Bitterling übersetzt gleichzeitig für unseren Verbindungsoffizier, Captain Saqi. Anschließend diskutieren wir die weiteren Maßnahmen.

Captain Saqi ist sofort bereit, einen berittenen Boten zum Distrikts-APA nach Astor mit der Bitte zu entsenden, telefonisch den für das Diamir-Tal zuständigen Distrikts-APA in Chilas zu ersuchen, eilig einen Polizeiinspektor in das obere Diamir-Tal zu entsenden. Dazu muß man wissen, daß ein Distrikts-APA nicht nur die oberste Verwaltungshoheit innehat, sondern die Befehls- und sogar die Justizgewalt im Distrikt. Die gleichen Funktionen haben seine Beauftragten, eben die Polizeiinspektoren, die außerdem die örtliche Bevölkerung an Ort und Stelle in den Tälern kennen und ihre Sprache sprechen. Von Chilas kommt ein Polizeiinspektor bis zum Bunar-Tal leicht in zwei Stunden und erreicht wenige Stunden später den Eingang in die Diamir-Schlucht. Mit Hilfe der Bewohner des Diamir-Tals und dank seiner Autorität kann er wesentlich schneller als jeder Europäer gezielte Suchmaßnahmen nach Vermißten einleiten. – Das waren Überlegungen für den eigentlich sehr unwahrscheinlichen Fall, daß die Messners vom Gipfelaufbau zum Diamir-Gletscher abgestiegen sein sollten. Tags darauf kam die Meldung vom APA in Astor, daß er alles in unserem Sinne veranlaßt habe. – Am 3. Juli teilte der APA der abmarschierenden Expedition mit, daß der alsbald losgeschickte Polizeiinspektor noch nichts von den Vermißten gemeldet habe.

Während unserer Diskussion am Abend des 29. Juni wurde vereinbart, daß Michl Anderl anderntags in aller Frühe im hinteren Rupal-Tal einen Gegenhang besteigt, um von dort die Rupal-Flanke und insbesondere den Westsattel und den Kinshofer-Weg mit dem Fernglas nach den Vermißten abzusuchen. Wolf-Dietrich Bitterling schließt sich sofort an, ebenso Isah Khan, unser Hunza-Obmann. Das entspricht meinen Überlegungen, daß die Messners seit der Begegnung mit Kuen am 28. 6. inzwischen den Westsattel in 6940 m Höhe erreicht haben und möglicherweise bereits im Abstieg über den Kinshofer-Weg sind. Bei den guten Sichtverhältnissen müßten Bewegungen auf dem Hochfirn ohne weiteres auszumachen sein. Ein Hilfstrupp könnte umgehend in Marsch gesetzt werden.

Stundenlang suchen Anderl, Bitterling und Isa Khan am 30. Juni vom Gegenhang aus die Rupal-Flanke nach den vermißten Kameraden ab. Sie können jede Einzelheit der Flanke am Westsattel, im Bereich des Kinshofer-Weges, sogar die

Fußstapfen in der Umgebung des Lagers 5 erkennen. Aber von Günther und Reinhold fehlt jede Spur. Niedergeschlagen kehren sie am Abend zu uns zurück.

Unser Verbindungsoffizier verschafft uns noch eine zusätzliche Bergungsmöglichkeit. Er fordert auf meinen Wunsch hin einen Hubschrauber dringend an, damit die eventuell zurückgekehrten Messners so schnell wie möglich aus dem Rupal-Tal ausgeflogen werden können. Dieser Hubschrauber war schon viele Tage vorher im Gespräch gewesen; ursprünglich sollte er mich wegen meiner hochfieberhaften Lungenentzündung abholen, nachdem Captain Saqi die Genehmigung des Ministeriums in Rawalpindi dafür eingeholt hatte. Glücklicherweise bin ich aber jetzt auf dem Wege der Besserung und brauche die Mannschaft nicht zu verlassen. Jetzt könnte der Hubschrauber für einen schnellen Abtransport der Messners verwendet werden. Am 3. Juli flog der Hubschrauber ins Astor-Tal ein – zu spät im Sinne unserer Überlegungen, immerhin aber ein Beweis für die äußerste Hilfsbereitschaft unserer pakistanischen Freunde bei der Armee.

Monate nach unserer Rückkehr in die Heimat vertrat die Deutsche Himalaya-Stiftung im DAV die Ansicht, eine von uns entsandte Hilfsmannschaft hätte in 9–10 Stunden über die Strecke oberes Rupal-Tal – Mazeno-Paß (5358 m) – Loiba-Tal – Diamir-Tal den Diamir-Gletscher erreichen und dortselbst den Messners Hilfe leisten können. Im Notfall wäre diese Zeit sogar zu verkürzen gewesen. – Von Holzfällern im Diamir-Tal will Reinhold Messner erfahren haben, daß man für diese Strecke zwei Tage brauche. Eine Erkundungsmannschaft der Bayerischen Karakorum Expedition 1964 brauchte vom Rupaltal (2 Meilen oberhalb unseres Hauptlagers 1970) bis zum Mazeno-Paß 3 Tage. Dr. Max Dannegger schätzt heute die Gehzeit selbst bei günstigsten Verhältnissen auf mindestens 2 Tage bis zum Paß! Mummery benötigte 1895 nach einem zermürbenden Erkundungsstoß allein vom Mazeno-Gletscher auf der Rupal-Seite bis zur Loiba-Schafalm auf der anderen Seite einen ganzen Tag. Vor Mummery hatte in historischer Zeit eine 3000 bis 4000 Mann starke Armee der Dogharas aus dem Rupal-Tal den Mazeno-Paß in das Chilas-Gebiet überschritten, aber hunderte von Trägern sollen bei dem Transport umgekommen sein. Seit 75 Jahren hat m.W. keine Expedition den Mazeno-Paß überquert. Wie die Dinge dort im Sommer 1970 standen, weiß niemand, ganz bestimmt nicht die Deutsche Himalaya-Stiftung, die bekanntlich seit 31 Jahren keine Expedition mehr zum Nanga Parbat geschickt hat!

Unser Hilfstrupp hätte frühestens am 1. Juli vom Hauptlager aufbrechen können. Er wäre unter günstigsten Umständen am 3. Juli im mittleren Diamir-Tal und am 4. Juli an der Diamir-Flanke eingetroffen.

Wie Reinhold Messner berichtet, war Günther am Morgen des 29. Juni unter einer Lawine umgekommen; er selbst hatte am 2. Juli bereits das Diamir-Tal verlassen, in Diamirai übernachtet, wurde am Vormittag des 3. Juli von Bauern das Bunar-Tal auswärts getragen, am Indus von einem Militär-Jeep aufgenommen und bis zum Gilgit-Tal gebracht. Dort fand ich ihn am Abend. –

Später erklärte der APA-Chilas, Huamar Beg, folgendes: »Messner was hungry, thirsty and very exhausted. My people found him 20 miles from Bunarbridge in Bunar-Village completely out of senses.« Nach der Nanga-Parbat-Karte 1934 muß dies bereits im obersten Dorf des Diamir-Tals gewesen sein. Von da ab also war Reinhold Messner unter der Betreuung der Leute des APA-Chilas. – Welche Motive die Deutsche Himalaya-Stiftung zu ihren abstrusen Thesen veranlaßt haben, mag der kritische, sachkundige Leser selbst beurteilen.

1. Juli 1970: Bis zum Spätnachmittag sind die Mannschaften wieder im Basis-Lager versammelt. In den Hochlagern 2 bis 5 ist ausreichend Material zurückgeblieben. Wir klammern uns an den – freilich äußerst vagen – Hoffnungsschimmer, die zurückkehrenden Messners fänden dadurch Versorgungsbasen vor.

Eigentlich sollten wir am 2. Juli aus dem Rupal-Tal abmarschieren. Die Träger aus den nächstliegenden Dörfern treffen schon ein. Die Jeeps sind für den 2. Juli nach Rampur beordert. Immer wieder suchen wir mit den Gläsern die Flanke ab. Ich verschiebe den Abmarsch der Expedition auf den 3. Juli. Das Schicksal der Vermißten lastet wie ein Alpdruck auf uns und läßt auch während der traditionellen Ehrung unserer tüchtigen Hunza-Hochträger keine Freude aufkommen. Entsprechend ihrem Einsatz erhalten die Träger aus meiner Hand Gold-, Silber- und Bronzemedaillen. Nach Landessitte hängt unser Begleitoffizier Felix Kuen und Peter Scholz Blumenkränze um. Die Hochträger hatten sie für die Gipfelsieger gefertigt.

Zu dieser Stunde wissen wir noch nicht, daß Günther bereits vor Tagen das 33. Opfer des Berges geworden ist.

Wiedersehen mit einem Vermißten

Alice von Hobe berichtet:
»Seit Sonntag, dem 28. Juni fehlt von den Brüdern Messner jede Spur. Heute ist bereits Freitag, der 3. Juli, und immer noch wissen wir nichts über das Schicksal der beiden. Die Stimmung im Hauptlager ist sehr bedrückend. Still packt jeder seine Sachen zusammen, mit seinen Gedanken wohl bei dem Ungewissen, das uns alle stark belastet. Über den Gipfelsieg will keine Freude aufkommen. Jeder stellt sich wohl die gleichen Fragen: was ist da oben geschehen? Über den Westsattel herab sind Reinhold und Günther nicht gekommen, so bleibt jetzt nur noch die Möglichkeit des Abstiegs über die Diamirseite offen. Auf diese Route konzentriert sich demnach unsere letzte Hoffnung. Doch werden sie den Abstieg gesund überstanden haben? Wir haben für alle Fälle berittene Boten nach Astor gesandt und von dort aus telefonisch Chilas um Hilfe gebeten.

Wir alle sind erschüttert. Ich selbst kann kaum schlafen und essen. Die armen Eltern, Geschwister und Freunde! Fortwährend kreisen meine Gedanken um dieses eine Thema. Man fühlt und empfindet vielleicht doppelt stark, wenn man selber einen geliebten Bruder auf tragische Weise verloren hat.

Den Abmarsch vom Hauptlager verschieben wir extra noch um einen weiteren Tag. Vielleicht wird doch noch ein Wunder geschehen und uns auf der Südseite des Nanga Parbat ein Lebenszeichen erreichen. Aber der Berg soll für uns auf der Rupalflanke für immer still bleiben.

Am Freitag, dem 3. Juli morgens setzt sich dann die Expeditionskolonne, schweigend abschiednehmend vom Berg, gen Rupal, Tarishing, Astor, in Bewegung. Ursprünglich wollen wir in zwei Tagen nach Gilgit. Aber inzwischen ist die blockierte Straße Astor-Gilgit wieder instand gesetzt. Unser Leader setzt sich mit einem beachtlichen Tempo in Bewegung. Es gibt keine Pause, keinen Schluck Wasser für Bummelanten wie mich, der ich aber einfach infolge übel schmerzender Blasen an den Füßen nicht schneller gehen kann. Gegen 15 Uhr erreiche ich, weit hinter allen zurückbleibend, die in Rampur auf uns wartenden Jeeps. Ich werde zur Eile angetrieben, den ersten Jeep zu besteigen. Doch der Lambadar und der Lehrer des Dorfes bitten mich noch um diverse Medikamente, und so wird die 25 Kilo schwere Arzneikiste wieder heruntergehoben.

Diese Kiste, die uns auf dem ersten Jeep begleiten wird, habe ich im Hauptlager vor unserem Aufbruch als ‚Erste Hilfe' zusammengestellt, alles griffbereit, denn wir hofften auf ein Wiedersehen mit den Vermißten, und bestimmt würden sie dann gleich ärztliche Hilfe dringend benötigen.

Rampur–Astor, eine kurze Strecke mit dem Jeep, – dort werden wir hoffentlich die erste Nachricht erhalten! Wir treiben den Fahrer unseres Wagens zur Eile an. Doch was hilft alles Drängen, wenn ausgerechnet in so einer Situation einem Reifen die Luft ausgeht. Also Geduld, Reifenwechsel …!

In Astor rüstet man noch für unseren Empfang. Unfertige Blumengirlanden schmücken die Straße zum Dorfeingang. Woher sollten auch die armen Einwohner ahnen, daß wir einige Stunden früher erscheinen würden.

Unser Abschiedsbesuch beim APA bringt uns keinerlei Aufschluß über die Vermißten. Er betont nur immer wieder sein Mitgefühl über den Verlust unserer Kameraden. Von seinem Amtskollegen aus Chilas liegt noch keine Nachricht vor. Stündlich kann man aber damit rechnen.

Also wollen wir uns nicht länger aufhalten, um auf den Weg zu gelangen, den die Brüder Messner aus dem Diamirtal kommen müssen, wenn überhaupt noch eine Aussicht darauf besteht.

Wir bedanken uns beim APA für seine Unterstützung, melden uns bei der Post ab und besteigen den ersten Jeep zusammen mit Isa Khan, Hidayat Shah, Arab Khan, und rollen unter den Klängen der inzwischen im Dorfe eiligst zusammengetrommelten Holzbläsergruppe in Richtung Gilgit. Wieder geht es in abenteuerlicher Fahrt die Straße des engen Astor-Tales entlang. Die Hitze des Tages hat sich gelegt, doch der Staub und Dunst quälen uns. Allein all diese Dinge sind so unmaßgeblich. Vielmehr belastet uns die neuerliche Enttäuschung, nichts von den Vermißten gehört zu haben. Dr. Herrligkoffer ist noch stiller als sonst. Seine Gedanken kehren zurück zu Sigi Löw. Dieses alles hat er schon einmal erlebt; nun steht er wieder ganz unter dem Eindruck von damals.

In Bunji machen wir kurz halt. Die Träger haben seit morgens 5 Uhr nichts mehr gegessen und bitten uns um eine kurze Teepause. Herrligkoffer und ich bleiben im Auto sitzen. Plötzlich wird ganz aufgeregt ein Einheimischer zu uns gebracht, der kurz vorher ein Telefongespräch von Gilgit nach Astor mitangehört hat. Ein Verletzter, ein Fremder sei aus dem Diamir-Tal kommend mit einem Jeep auf dem Wege ins Hospital nach Gilgit. – Ein Fremder, ein Bergsteiger, nicht zwei, und verletzt sei er! Das konnte für uns nur einer der beiden Messners sein. Eine fieberhafte Aufregung erfaßt uns. Wir drängen umgehend auf Weiterfahrt. Wieder sprechen wir kein Wort. Unsere Gedanken eilen uns voraus. Wie mag der Zustand des verletzten Bergsteigers sein? Was ist mit dem anderen? Hinter uns schnattern die auf dem Gepäck sitzenden Träger. Den Driver scheint die Spannung der Situation gar nicht zu rühren – er fährt kein bißchen schneller. – Bergabwärts stellt er sogar den Motor ab, um Benzin zu sparen, und unten auf geraden Strecken ist es wieder ein Lotteriespiel, ob der Motor von selbst wieder anspringt oder ob er in vorsintflutlicher Art und Weise angekurbelt werden muß. Uns kommt es jetzt auf jede Minute an. Aber je nervöser ein Europäer wird, um so gelassener bleibt ein Pakistani!

Es dämmert bereits und viele Stunden trennen uns noch von Gilgit. Den Trägern deutet der Fahrer zu allem Überfluß auch noch an, er hätte bald kein Benzin mehr! Soll uns auch das noch blühen? Plötzlich werden wir durch das Signal einer

Taschenlampe gestoppt. Man erklärt uns, im Zuge der Straßenverbreiterung würden streckenweise Sprengungen vorgenommen und wir müßten warten – und dies gerade jetzt!

Plötzlich tritt ein zweiter Pakistani an unseren Wagen und deutet auf ein in etwa 500 m Entfernung liegendes Rasthaus. Dort, sagt er, wartet auch schon ein Jeep – mit einem Verletzten. Mit einem Verletzten? Sepp springt vom Wagen und läuft, mit einer Taschenlampe fuchtelnd, zu dem bezeichneten Haus. Kurz darauf kehrt er zurück, ganz außer Atem: ‚Leader Sahib, Mami (so nannte er mich) ... Reinhold ... resthouse ...!' – stammelt er vor Freude oder vor Aufregung – ich kann es nicht unterscheiden. Später erfahre ich, Reinhold hat ihn sonderbarerweise nicht als unseren getreuen ‚Sepp' erkannt. Er hat ihn für einen neugierigen Diamir-Tal-Bewohner gehalten, der ihn getragen hatte, und wollte ihn wegscheuchen.

Unser Fahrer bequemt sich daraufhin wieder auf seinen Sitz und fährt uns zum Rasthaus. Dort liegt im Garten auf einer Pritsche Reinhold, beleuchtet von einer Laterne, die vor ihm auf dem Tisch steht. Erschütternd, dieses Wiedersehen mit ihm. Reinhold, alleine ohne seinen Bruder, liegt schlapp vor uns auf der Liege. Rührung ergreift uns, und schweigend treten wir näher. Dr. Herrligkoffer reicht ihm zunächst still die Hand, fährt ihm liebevoll, fast zärtlich durchs Haar und streichelt seinen Arm. Er sagt nicht viel, aber seine Gesten lassen seine Gedanken und Gefühle erkennen. ‚Reinhold, es ist schön, daß du da bist! Es ist ein Wunder, ein ganz großes Wunder! Weißt du das? Wir müssen unendlich dankbar sein', höre ich ihn sagen. Immer wieder streichelt er Reinhold, als wolle er sich vergewissern, daß er auch wirklich da sei. Dann untersucht er die Erfrierungen an Händen und Füßen und macht ihm Mut. ‚Die Hände bekommen wir schon wieder hin, die Füße, – wir müssen sehen ...' Reinhold beginnt stotternd zu berichten, seine Stimme klingt bewegt. Er scheint verwirrt zu sein. Ganz offensichtlich steht er stark unter dem Einfluß des Erlebten der letzten Tage: der Verlust des Bruders! – Aber er soll sich nicht wieder hineinsteigern, jetzt nur an sich denken, dankbar sein für das Wunder, daß er zurückgekehrt ist, was nicht heißen soll, daß uns Günthers Schicksal nicht sehr nahe geht. Im Gegenteil!

Auf seine Weise ist Reinhold dankbar und glücklich, auf uns gestoßen zu sein. Er wähnte uns ja bereits in Gilgit. Nun kann er sich doch endlich mit jemandem verständigen und weiß sich in guten Händen.

Momentan können wir kaum etwas für ihn tun. Das einzige, was ich habe, ist eine Dose Hühnerbrühe, die ‚Sepp' ihm hilfsbereit im Hause drinnen wärmen will. Doch Pech noch im Unglück! Fast weinend kehrt Hidayat Shah in den Garten zurück. Ihm ist die Dose umgekippt.

Ich bedanke mich inzwischen über ein vorsintflutliches Feld-Telefon bei dem Offizier, der Reinhold seinen Jeep zur Verfügung gestellt hat. Der Oberst ist besonders nett und bietet mir noch an, sich für eine schnellere Abwicklung der Sprengarbeiten einzusetzen, damit wir endlich weiter nach Gilgit können. Und tatsächlich geht der Weitertransport dann schneller vonstatten. Diesmal liegt Reinhold auf einem etwas härteren Lager, hoch oben auf den Gepäckstücken des Jeeps. Da kann er halb liegend seine Beine ausstrecken. Sein Leidensweg soll aber noch nicht zu Ende sein. Ein bösartiger Sturmwind treibt uns ganze Staub- und Sandwolken ins Gesicht. Teilweise muß der Fahrer anhalten, weil er nichts mehr sehen kann – Steine schlagen vor und hinter uns auf die Straße. Gegen Mitternacht erreichen wir das Rasthaus in Gilgit, wo wir Reinhold endlich bequem betten und ärztlich behandeln können. Er bekommt sofort verstärkte Ronicol-Injektionen, die die Durchblutung fördern, und Penicillinspritzen gegen die bereits aufgetretene Sekundärphlegmone. Die Füße zeigen Erfrierungserscheinungen 2. und 3. Grades – trockene, schwarzgefärbte Nekosen und blaurote Blasen. Ich beginne auf Anordnung daher gleich mit hochkonzentrierten Kochsalzbädern, während Dr. Herrligkoffer die Blasen öffnet und die abgestorbenen Hautteile entfernt. Die Wunde versorge ich schließlich mit Leukomycinpuder und verbinde sie, eine Prozedur, die mir viel Selbstbeherrschung auferlegt.«

Rückblicke auf ein Drama

Am Morgen des 4. Juli wiederhole ich die Behandlung und Wundversorgung bei Reinhold. Wolf-Dietrich Bitterling, unseren Luftfahrtspezialisten, beauftrage ich, alsbald zum Flugplatz Gilgit zu gehen und eine möglichst schnelle Flugmöglichkeit nach Rawalpindi für den verletzten Reinhold und einige von uns ausfindig zu machen. Captain Saqi begleitet ihn. Das Wetter sieht nicht eben günstig aus. In der Nacht war ein heftiger Sandsturm. Aber ich hoffe doch, daß es noch am 4. Juli klappt.

Reinhold Messner fühlt sich am Morgen erstaunlich frisch. Wir betten ihn auf seinen Wunsch auf die Terrasse vor dem Rasthaus. Einige Kameraden und ich setzen sich zu ihm. Auch Felix Kuen ist dabei. Reinhold Messner erzählt seine Erlebnisse der jüngst vergangenen Tage. Wir rekonstruieren – zeitweise mit schnell auf das Papier geworfenen Skizzen – die Situation vom 28. Juni, als Felix und Reinhold auf 80 bis 100 Meter Entfernung in Rufverbindung standen.

Es ist ein dramatischer Bericht, offen und freundschaftlich. Kein Wort von der »Roten Rakete«, von »unterlassener Hilfeleistung« und all den Dingen, die Wochen und Monate später unsere erfolgreiche Expeditionsmannschaft innerlich und äußerlich erschüttern sollten. Schließlich bitte ich Reinhold, das alles für unser Expeditionsbuch in einem 10–15 Seiten langen Bericht zusammenzuschreiben, sobald er zu Hause dazu komme. Reinhold sagt bereitwillig zu.

Seit wir – Toni Kinshofer und ich – uns mit den Aufstiegsmöglichkeiten in der Rupal-Flanke befaßt hatten – das war 1963 – gab es für mich keinen Zweifel darüber, daß die »Direttissima« durch die Merkl-Rinne zum Gipfel emporführt. Nach Überwindung der Wieland-Eiswand bietet sich das Welzenbach-Couloir als Schlüsselstellung für das Merkl-Eisfeld an. Die Merkl-Rinne – die man im oberen Drittel nach rechts zur Südspitze hinausqueren muß – ist das organische Zwischenstück, das den Aufstieg über die Südschulter zum Gipfel freigibt. Auf dieser Route befindet sich nun Reinhold Messner – wir folgen seinem Besteigungsbericht, den er, meiner Bitte in Gilgit entsprechend, am 6. August 1970 übersandte:

Odyssee am Nanga Parbat

Nach einer letzten Sperrstelle, ein glatter, verschneiter Felsrücken, erreichte ich eine Rampe, die den Weg nach rechts um die Südschulter herum freigab. Ich blickte die steile Rinne zurück, erschrak, als ich jemand knapp unter mir im Aufstieg sah. Es war Günther. Ich wartete, und bald stand er neben mir. Wir sprachen nicht viel miteinander. Es gab keinen Zweifel darüber, daß wir nun zu zweit weiterstiegen.«

In den Vormittagsstunden steigen die beiden die große Querung in östlicher Richtung hoch, queren unter der Südspitze vorbei und gelangen schließlich auf den Grat, der zur Südschulter emporzieht. Es ist Mittag – fast 10 Stunden sind sie bereits unterwegs – nur noch wenige Stunden trennen sie vom Gipfel. Langsam, immer wieder gegen die Müdigkeit ankämpfend, steigen sie weiter über windgepreßten Schnee.

»Im Nebel tappten meine Füße öfters unsicher auf der Schneefläche, in der ich nicht alle Mulden sehen konnte. Günther war sitzengeblieben, meinen Aufstieg zu fotografieren.«

Reinhold erreicht die Südschulter und geht nun den Gipfelgrat an.

»Wenige Minuten, dachte ich, werden reichen, so nahe kam mir alles vor. Ich ging nun schneller, vorbei an einem spitzen Felszacken links vom Grat, eine Mulde, ein letzter Aufschwung, eine halbe Stunde war ich sicher schon gegangen und stand nun wirklich oben. Ich winkte, Günther, der jede Phase des Aufstieges über den Gipfelgrat fotografiert hatte, kam, Schritt für Schritt. Und dann war er da, zog die Handschuhe aus und streckte mir die Hand hin. –

Wir fotografierten uns gegenseitig, schauten viel, blieben eine Stunde. Als wir wieder gingen, wollte ich die großen Norweger-Handschuhe wieder anziehen. Sie waren so hart gefroren, daß ich sie nicht mehr über die beiden anderen Paare überstreifen konnte. Da ich ein Paar in Reserve hatte, legte ich die beiden Klumpen auf die ersten Steine westlich der Gipfelkippe und legte einige Steine darauf. Ein Steinmann. Ich wußte an diesem Abend noch nicht, daß diese Handschuhe der einzige Beweis unserer Gipfelbesteigung sein würden. Ich wußte nur, daß große Leute immer Beweise wollen, und deshalb hatten wir viele Bilder geschossen. –

Wir stiegen über eine Felsrampe in eine Firnmulde unter der Scharte ab. In der Scharte selbst hatten wir eine Nische unter einem Felszacken entdeckt, dort wollten wir biwakieren. Die Schuhe zogen wir aus, wickelten Astronautenfolien um die Vorderfüße und steckten sie wieder in die Innen- und Mittelschuhe. Wir hockten uns auf die Außenschuhe und warteten. Immer wieder ermunterten wir uns gegenseitig die Zehen zu bewegen. Gegen Morgen bat mich Günther immer wieder, ihm die Decke aufzuheben und öfter sah ich ihn selbst nach etwas am Boden greifen. Dort lag aber nichts. Wir hatten uns am Abend in unsere Astronautenfolien gewickelt. Das war alles.

Günthers Zustand beunruhigte mich. Deshalb begann ich gegen 6 Uhr morgens von der Scharte aus um Hilfe zu rufen. Die Querung von hier hinein zu unserer Aufstiegsspur war beim Zustand Günthers ohne Seil zu riskant. In der Merkl-Rinne sah ich weit unten Gestalten und rief um ein Seil. Drei Stunden lang ging ich immer wieder von unserem Biwakplatz zu einer Stelle links der Rinne, von wo ich einen guten Einblick in diese hatte und rief um ein Seil.

Gegen 10 Uhr sah ich zwei die Rinne hochsteigen und über unsere Spuren vom Tage zuvor die Merkl-Rinne über die oberste Rampe verlassen. Es waren Felix und Peter. Sie hatten ein Seil, ich sah es, obwohl wir 100–120 m voneinander entfernt waren. Ich war sicher, daß die beiden unseretwegen aufgestiegen waren und hatte wieder Hoffnung.

Mit Felix nahm ich Rufverbindung auf. Er verstand mich nicht, und ich verstand nicht alle seine Worte. Als mir klarwurde, daß sie beide zum Gipfel wollten, schlug ich ihnen vor, zu uns aufzusteigen und dann über unseren bisherigen Abstiegsweg weiter zum Gipfel zu gehen. Es wäre dies viel schneller gewesen. Als mich Felix fragte, ob alles in Ordnung wäre, bejahte ich dies. Felix begann über unsere Spuren vom Vortag, die hier noch deutlich zu erkennen waren, nach rechts zu steigen. Ich deutete ihm noch an, daß wir in diesem Fall drüben absteigen müßten, und ging zu Günther zurück. Verzweifelt, zitternd ...«

»Erste Reaktion nach stundenlangem Hilferufen: ‚Hallo!' Die für Reinhold Messner wichtigste Frage von Felix verstand Reinhold Messner ganz klar: ‚Wart ihr am Gipfel?' ... alles andere verstand Reinhold Messner auf einmal nicht mehr oder falsch.

Der Kamerad eines in Lebensgefahr Befindlichen beschreibt nicht den Weg für andere zum Gipfel, sondern er schreit um Hilfe! – Nie eine direkte Frage nach dem Seil. Messner sieht es nur bei Felix. Soll Felix Gedanken lesen können! Oder was sollten die Reepschnüre, die Reinhold aneinanderknüpft: ‚5 oder 6 Meter werden es sein. Damit wollte ich das Seil von Felix bis zu mir heraufziehen, um ihn in den letzten Metern sichern zu können, denn diese sahen sehr schwierig aus.'

‚Was hätte ich sonst tun sollen' – ist nicht die Antwort eines Verzweifelten, wenn Rufe nicht ausreichen für die Verständigung – es scheint demnach, daß Reinhold Messner von der ihm sich bietenden Möglichkeit der Hilfe gar keinen Gebrauch machen wollte. – Was soll der Gefühlsausbruch: ‚Reinhold geht zu Günther zurück, völlig außer sich, verzweifelt, zitternd ...' Dies jetzt plötzlich, weil Felix weitersteigt!«[*]

»Günther drängte auf Abstieg. Ein zweites Biwak überstünde er nicht. Vielleicht hätte ich es auch nicht überstanden. Hilfe von Felix und Peter war frühestens am nächsten Vormittag zu erwarten. Abstieg über die Merkl-Rinne. Allein hätte ich es vielleicht geschafft. Aber für Günther hätte das ein zweites Biwak bedeutet, noch dazu allein. Er wehrte ab, und ich durfte ihn nun nicht allein lassen. Wir hatten nur mehr einen Ausweg: die Diamir-Seite.

Im Winter hatten wir den Nanga genauestens studiert, und nun war es angenehm, die Bazhin-Mulde auf den ersten Blick zu erkennen. Ein Bild von der Mummery-Route hatte ich im Kopf, wie ich tausend andere Wände und Linien im Kopf habe. Der Versuch war 1895 gewesen. Das mußte uns auch ohne technische Hilfsmittel gelingen. Ich war sicher, daß sich Günther weiter unten erholen werde, und unten hofften wir, Hirten zu treffen.«

Hatte Reinhold wirklich nur einen Ausweg, um den höhenkranken Bruder in Sicherheit zu bringen? Er selbst sagt doch: »Wir sagen nicht, daß sonst nichts in Frage käme.« Wenn er nun schon einmal gegen alle Vernunft in der Diamir-Flanke biwakiert hat und sein Bruder dort höhenkrank wurde – bot sich da nicht der einfache Abstieg zum 1000 m tiefer gelegenen Westsattel an? –

»Um Mitternacht erst begannen wir mit dem Biwak, mitten an der obersten Mummery-Rippe. Um 3 Uhr kam der Mond. Günther hatte sich einigermaßen erholt. Wir stiegen weiter ab und erreichten bei Tagesanbruch leichte Firnhänge links der beiden unteren Rippen. Zwischen zwei Gletschern wollten wir unten durchgehen, um ins Grüne zu kommen. An der ersten Quelle im Grünen wollten wir aufeinander warten. Wir liefen einen harten Firnhang hinunter, einer hinter dem anderen. Ich war schneller, wartete ab und zu. Schwierigkeiten waren keine mehr da.

Unten, auf einem Gletscherboden am Fuße der Wand, entschloß ich mich, nach links abzubiegen und einen langen Lawinenkegel auszunutzen. Die Sonne kam.

[*] Aus: »Angriffe und Widersprüche«

Der Gletscher begann zu fließen. Ich trank viel, wurde müde und müder. Immer wieder schaute ich zurück, und weil Günther nicht kam, nahm ich an, daß er oben näher am Wandfuß geblieben war, um dort schneller ins Grüne, zum Quellwasser zu kommen.«

Messner schildert weiter, wie er schließlich den Gletscher überquerte und den ersten grünen Fleck hinter der Moräne erreichte in der Erwartung, daß Günther komme. Zunächst ging er auf der Suche nach seinem Bruder taleinwärts, kehrte um und suchte am Nachmittag, seinen Weg zurückgehend, auf dem Gletscher. Er fand die Trümmer einer Eislawine, verirrte sich auf dem Gletscher, schlief zwischendurch ein. Als er vor Kälte wieder wach wurde, rief er weiter nach Günther. Am nächsten Morgen (30. Juni) setzte er seine Suche auf und an dem Gletscher fort, wartete und rief bis zum Abend. Erneut schlief er auf dem Rasenplatz.

Bei unserer ersten Begegnung am 3. Juli im Rasthaus vor Gilgit erzählte mir Reinhold, er habe Spuren in den Lawinenkegel hineingehen sehen.

»Ich suche mit Unterbrechungen die ganze Nacht und steige, als die Sonne wiederkommt, die andere Route ab als die vermeintlich von ihm gegangene. Die Lawine dürfte zwischen 9 und 10 Uhr niedergegangen sein. Jedenfalls war es eine frische Eislawine.«

An einer anderen Stelle berichtet Reinhold Messner: »Günther war plötzlich wach, nicht mehr halbtot vor Müdigkeit, Durst und Hunger, auch machte er keinen verwirrten Eindruck mehr.« – Nach diesem kurzen Biwak von knapp drei Stunden war Günther also plötzlich wieder ganz fit. – Am 11. März 1971 jedoch sagte Reinhold, daß er 5 Stunden nach dem Biwak – also um 8 Uhr früh – seinen höhenkranken Bruder durch die Eisbrüche des Diamir-Gletschers rufend leitete. – Dessen ungeachtet hat Reinhold Messner in seiner Abstiegsroute an der gleichen Stelle angegeben, er habe dort seinen absteigenden Bruder vom Gletscherboden aus das letzte Mal beobachten können. Zu diesem Zeitpunkt sei er ihm 1½ Stunden voraus gewesen.

Am 1. Juli packte er seine Sachen zusammen und schleppte sich talauswärts. Jetzt stellte er fest, daß seine Zehen blau waren. Am späten Nachmittag traf er auf Holzfäller, die ihn zu ihrem Hof mitnahmen. Die Leute gaben ihm Brot und Milch. Dort übernachtete er. Am nächsten Morgen (2. Juli) kam er bis Diamir, rastete dort. Schließlich gelangte er mit Hilfe von Einwohnern des Diamir-Tals am Abend bis nach Diamirai, wo das Diamir-Tal in das Bunar-Tal einmündet. Am nächsten Morgen (3. Juli) ließ er sich auf einer selbstgefertigten Bahre bis zur Bunar-Brücke im Indus-Tal tragen. Dort nahm ihn nach einigen Stunden ein pakistanischer Offizier mit seinem Jeep auf, brachte ihn zunächst in eine Kaserne und ließ ihn am Nachmittag Richtung Gilgit fahren. Reinhold schließt mit den Worten:

»16 Meilen vor Gilgit war die Straße von einem Felssturz unterbrochen. In einem Rasthaus neben der Straße wollte ich warten, bis die Gesteinsmassen beseitigt wären. Zufällig kam auch Karl zur unterbrochenen Stelle. Sie hatten inzwischen das Basislager abgebrochen und waren auf dem Heimweg. So trafen wir uns hier mitten in der Nacht wieder, acht Tage, nachdem wir per Funk zum letzten Mal miteinander gesprochen hatten.«

War alles in Ordnung?

Als Reinhold Messner auf der Terrasse des Rasthauses von Gilgit seinen Bericht beendet hat, sind wir wohl alle bereit, mit ihm davon auszugehen, daß »Alles in Ordnung« gewesen sei. Mag man den Höhenrausch dafür verantwortlich machen, daß Reinhold den tollkühnen Entschluß gefaßt hat, den körperlich offenbar abbauenden Bruder nicht über die gesicherte Expeditionsroute herabzuführen, sondern über die ungesicherte und in weiten Strecken noch unbegangene Diamir-Flanke. Mag man den Bergsteigertod des jüngeren Bruders Günther als einen der unabwägbaren Schicksalsschläge ansehen, von denen extreme Expeditionen unablässig bedroht sind. Mag man die Erfrierungen Reinholds als den Zoll werten, den ein Bergsteiger von vornherein zu leisten bereit ist, wenn er sich einem derartigen Unternehmen anschließt. Mag man das Wunder trotz allem dankbar begrüßen, daß der grausame Berg wenigstens einen der beiden lebend entließ. Mag man glücklich sein, daß die ärztliche Kunst den Überlebenden wieder soweit herstellte, daß er bereits neue Expeditionspläne schmiedet, trotz der Amputation einiger Zehenglieder.

Es war damit zu rechnen, daß kritische Stimmen zum Bericht Reinhold Messners laut würden. Aber es schien uns selbstverständlich, daß wir den Kritikern Messners keine Nahrung bieten würden. Keiner von ihnen kennt die für das Ereignis bestimmende Extrem-Situation. Seine Kritik würde bald verhallen, war meine Hoffnung, und sicher auch die vieler meiner Kameraden von 1970.

Reinhold Messner wollte es anders. Vom Krankenhaus aus gab er, kaum daß er angekommen war, Interviews, schrieb Artikel, zog nach seiner Entlassung aus der stationären Behandlung durch die Lande und schmähte, wo er konnte, Leitung und Organisation unserer Expedition. Damit lieferte er reichlichen Stoff für gewisse Magazine, die sich von der polemischen Sensationsberichterstattung größere Erfolge zu versprechen scheinen als von der sachlichen Unterrichtung ihrer Leser. Daß Messner, wie wohl bei allen größeren Expeditionen üblich und selbstverständlich, einen Teilnehmervertrag mit Rechten und Pflichten mit dem Deutschen Institut für Auslandsforschung in München abgeschlossen hatte, kümmerte ihn nicht. In deutlicher Verletzung seiner Versprechen warf er sein von Emotionen strotzendes Nanga-Parbat-Buch auf den Markt, als »Drehbuch zu einem Film«, bei dem in peinlicher Selbstdarstellung Messner in eigener Person gleichzeitig als »Drehbuchautor«, »Regisseur« und »Kameramann« wie als »Hauptdarsteller« fungierte. Offenbar recht vorurteilslose Claqueure spendeten Beifall. Leute, von denen man in alpinen Kreisen bisher nicht oder nicht mehr sprach, erschienen plötzlich im Gefolge Messners und gaben sich den Anschein, die auch für sie abfallende Publicity zu genießen. Kopfschüttelnd nahm das der Teil unserer Mannschaft zur Kenntnis, der wohl am meisten daran gearbeitet hatte, daß Messner den Gipfel des Nanga Parbat erreichte.

Messner scheute sich nicht, gegen den stellvertretenden Expeditionsleiter Michl Anderl und mich bei der Staatsanwaltschaft München Strafanzeige wegen fahrlässiger Tötung Günther Messners und wegen unterlassener Hilfeleistung zu stellen.

Jetzt mußten wie uns mit der Frage auseinandersetzen: War wirklich alles in Ordnung?

Messners Aufbruch in die Merkl-Rinne sah nach einem kurzfristigen Erkundungsvorstoß aus. Sein Rucksack blieb im Zelt des Lagers 5. Er nahm weder Sicherungsseil noch Haken noch Biwakausrüstung mit. Steigeisen, Pickel, Stirnlampe und etwas Taschenverpflegung waren alles. – Im Lager 4 hatte er zu den Kameraden gesagt, bei schlechtem Wetterbericht wolle er, wenn möglich, wenigstens in die Merkl-Rinne hineinschauen, aber am gleichen Tag wieder zum Lager 5 zurückkehren.

Messner querte im oberen Teil der Merkl-Rinne über eine Rampe in die Eisfelder unter der Südschulter heraus. Offensichtlich hatte er die Unzugänglichkeit des obersten Teils der Rinne erkannt. Wie Reinhold später berichtet, sah auch sein Bruder keine andere Möglichkeit als das Herausqueren über die Rampe. Kuen und Scholz ging es am nächsten Tag ebenso.

Als Günther Messner seinem Bruder nachstieg, ebenfalls ohne hinreichende Gipfelausrüstung, erschrak Reinhold zunächst, hatte aber keinen Zweifel, daß beide nun weiter aufsteigen sollten. Zwei Bergsteiger greifen den Achttausender-Gipfel an, ohne hinreichende Vorsorge für das unerläßliche nächtliche Biwak, ohne Sicherung, ohne konkretes Wissen der Kameraden über ihr wirkliches Vorhaben.

Bei der Rückkehr vom Gipfel zur Südschulter meinte Günther, der Weg zurück in die Merkl-Rinne sei ihm zu schwer. Reinhold sah von diesem Standort aus, daß der Weg bis zur Scharte am Ende der Merkl-Rinne leicht sei, blickte auf ein mitgeführtes Bild der Rupal-Flanke und versprach sich nach diesem Bild die Möglichkeit, von dort in die Rinne zurückzukehren und um Hilfe zu rufen. – Eine Nahaufnahme von der Merkl-Rinne gibt es nicht. Das von Messner erwähnte Bild war eine Übersichtsaufnahme von der ganzen Rupal-Flanke, die ich 1968 aus 7 km Entfernung gemacht hatte!

Dazu Felix Kuen: »Aus diesem Foto war nicht ersichtlich, ob es möglich ist, in die Rinne hineinzuqueren. Außerdem hatte Reinhold Messner ganz sicher schon während des Aufstiegs in der Merkl-Rinne erkannt, daß der letzte Teil nicht gangbar und daß hier weder ein Auf- noch ein Abstieg möglich ist. Er ist ja auch diesen Schwierigkeiten beim Aufstieg nach rechts, um die Südschulter herum, ausgewichen. Wenn ich als erfahrener Bergführer gefragt werde, ob ich in dem Fall, daß mein Seilgefährte körperlich abbaut, den Aufstiegsweg genau wieder zurückgegangen wäre oder den anderen, vielleicht zunächst leichter aussehenden Abstieg gewählt hätte, so würde ich unbedingt den vom Aufstieg her bekannten Weg für den Abstieg wählen. Dabei hätte mich nicht das 50° geneigte Gelände gestört. Mit etwa 6 m Reepschnur – wie sie Reinhold Messner bei sich hatte – wäre es möglich gewesen, den kranken Seilgefährten wenigstens behelfsmäßig abzusichern und vor dem Straucheln zu bewahren, so daß ich ihn ohne wesentliche Gefahr sogar tiefer hinuntergeführt hätte, als der Standort der Messners oberhalb der Merkl-Rinne – ca. 7900 m – war.

Es wäre weiter möglich gewesen, noch vor dem Hineinqueren in die Merkl-Rinne ein behelfsmäßiges Biwak zu errichten, so daß der Erschöpfte dort verbleiben kann, bis ich selbst Hilfe vom Lager 5 hole. Kein Problem wäre es gewesen, wenn in dem gedachten Fall ein ordnungsgemäßes Sicherungsseil dabei gewesen wäre. Einen Abstieg in völlig unbekanntes und gänzlich ungesichertes Gelände möchte ich unter allen Umständen ablehnen.« –

Die Messners biwakierten in der Scharte über der Merkl-Rinne unter einem Felszacken. Günther fantasierte in der Nacht. Gegen 6 Uhr morgens begann Reinhold von der Scharte aus um Hilfe zu rufen, etwa bis 8 Uhr. Kuen und Scholz kamen gegen 10 Uhr vormittags auf 80 bis 100 m an Reinhold Messner heran. Es fand der bekannte Rufwechsel statt. Von 6 bis 8 Uhr rief Reinhold Messner um Hilfe. Um 10 Uhr war davon nicht mehr die Rede. Auf die Frage Kuens, ob alles in Ordnung

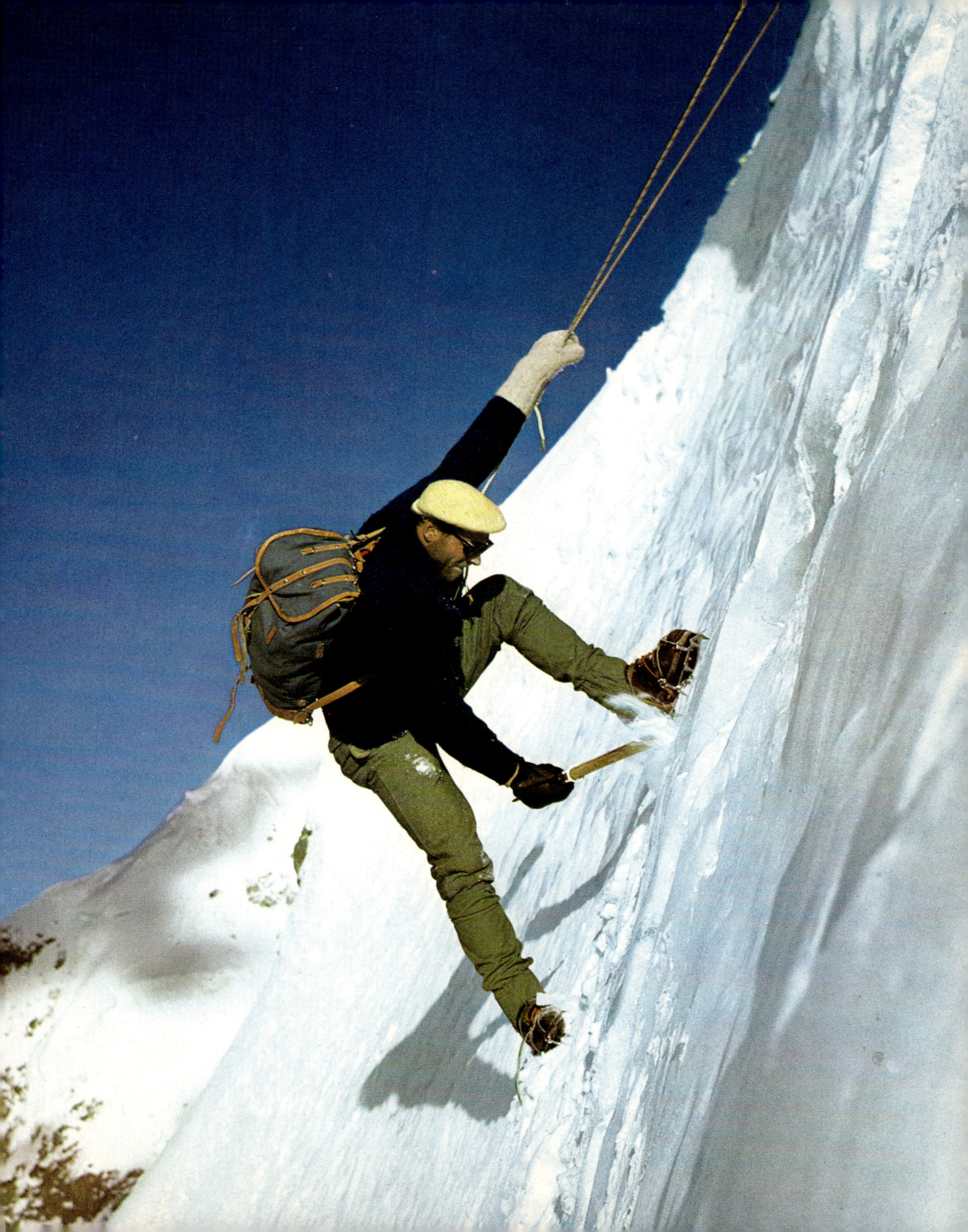

Peter Scholz im Aufstieg über die
Wieland-Eiswand.

Der Einstieg zur Merkl-Rinne. Eine Reepschnur führt vom Lagerplatz 5 zu Gerd Mändl, der sich bereits in der Rinne befindet.

Unten: Einer der unbegehbaren überwächteten Ausstiegsrisse über der Merkl-Rinne.

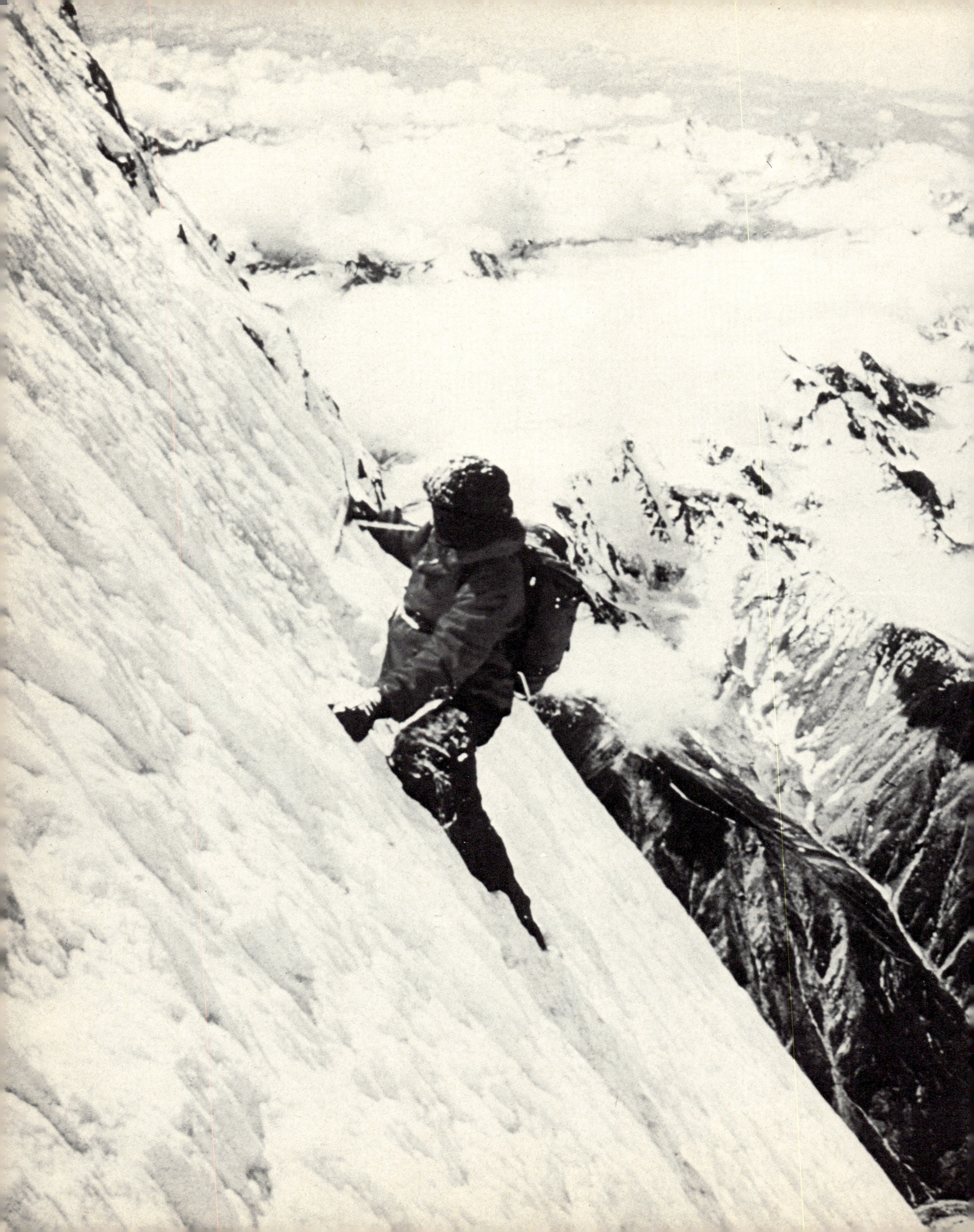

Links: Peter Scholz in der großen Querung im Aufstieg zur Südspitze.

Rechts: Hier fand die Rufverbindung zwischen Felix Kuen und Reinhold Messner statt.

Unten: Blick von der Südschulter (im Vordergrund) auf die Diamirseite des Rupal-Kammes.

Nächste Seite: Blick vom Gipfel gegen Südwesten (im Hintergrund bereits die Diamirseite des Rupal-Kammes).

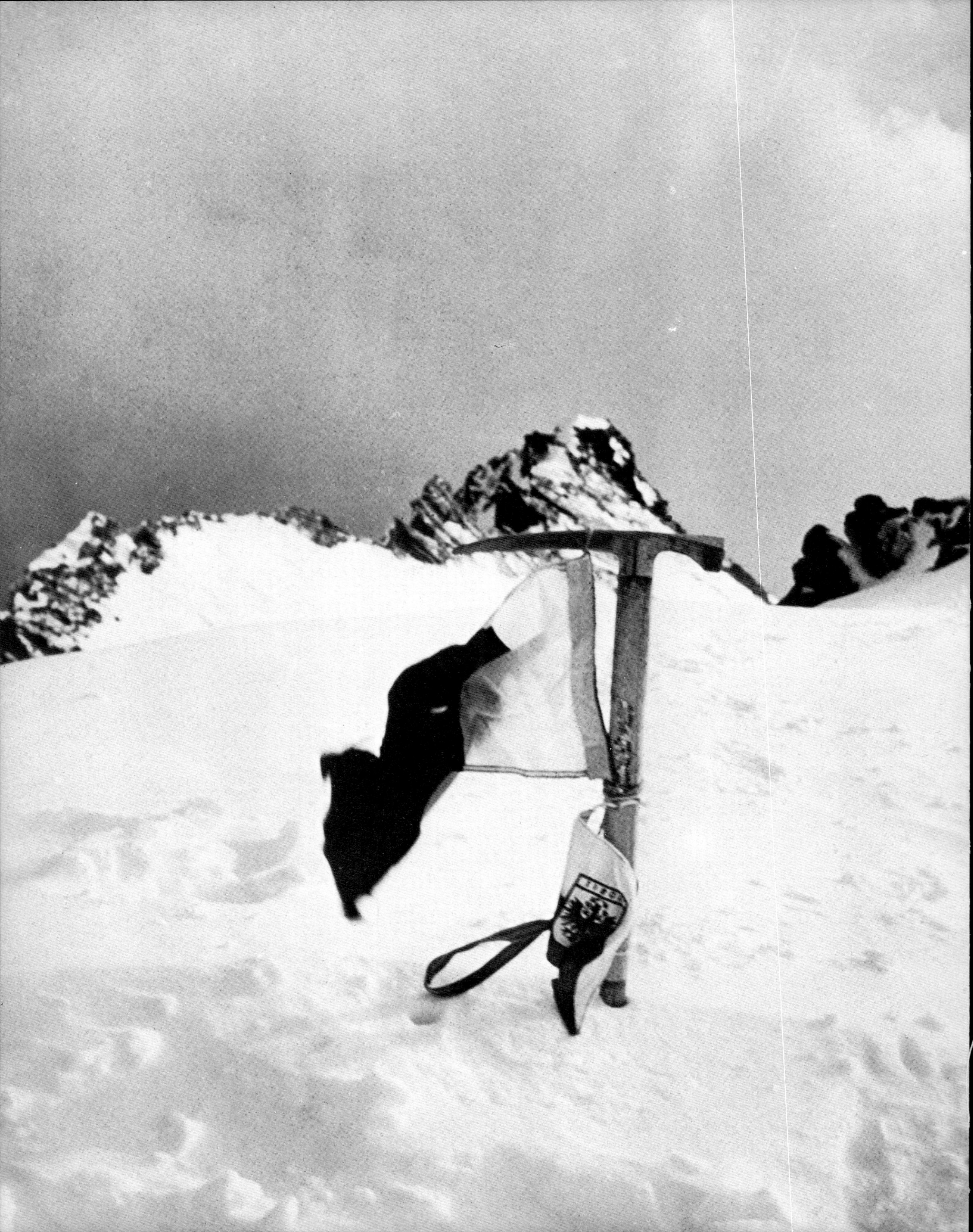

Oben: Peter Scholz schleppt sich die letzten Meter den Gipfelgrat empor – seit über einer Stunde von Felix Kuen am Gipfel erwartet –.

Die Aufstiegsroute von der Bazhinscharte über die Nordschulter zum Gipfel des Nanga Parbat. 1962 erreichten im letzten Teil ihres Aufstiegs aus dem Diamirtal auch Toni Kinshofer, Sigi Löw und Anderl Mannhardt auf dieser Route den Gipfel. – 1971 bezwangen die beiden Tschechoslowaken Ivan Fiala und Michael Orolin auf diesem Weg – vom Ostgrat kommend – den Gipfel.

Gerd Mändl erwartet vor Lager 4 in 6700 m Höhe seinen Kameraden Peter Scholz, der erschöpft und knieweich vom Gipfel zurückkehrt.

Rechts: Die erfolgreiche 2. Seilschaft kehrt ins Hauptlager zurück.
Von links nach rechts: Peter Scholz – Capt. Saqi – Expeditionsleiter Herrligkoffer – Felix Kuen.

Rechts unten: Die Diamirflanke des Nanga Parbat. Links die Route der erfolgreichen Diamir-Expedition 1962, rechts die Abstiegsroute, wie sie uns Reinhold Messner eingezeichnet hat.
x = Standort von Reinhold Messner, von wo aus er seinen Bruder im Abstieg gesehen hat.

8125
7200 L4
† Löw (23.6.62, 13³⁰ Uhr)
7400
1. Biwak
6600
L3
6000 L2
Lastenaufzug
2. Biwak
8⁰⁰ Uhr
Lawine
5000 L1
† Günther
X
10⁰⁰ – 11⁰⁰ Uhr
RM

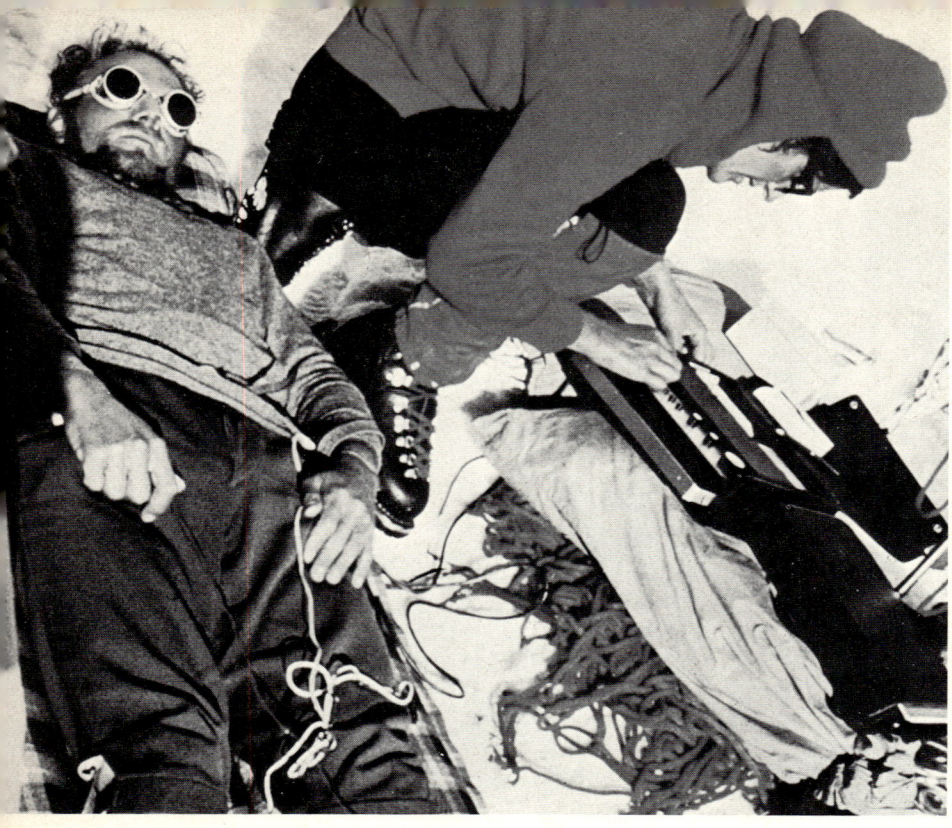

Alice von Hobe setzt im Hochlager 2 (5500 m) ihre Testversuche fort. Hier am EKG-Gerät.

Unten: Der Expeditionsleiter zeichnet bewährte Hochträger mit Hunza-Tiger-Medaillen aus.

sei, brüllte Messner nicht etwa los, sein Bruder sei in Lebensgefahr, Hilfe sei dringend nötig, sondern antwortete: »Ja, es ist alles in Ordnung.«

Messner kannte das Gelände zwischen Südschulter und Merkl-Scharte. Es war frei einzusehen. Der Weg von dort hinunter schien ihm am Vorabend leicht. Er mußte damit rechnen, daß Kuen und Scholz wenige Stunden später dort auftauchten. Dann bestand Blickverbindung. Wie Kuen berichtet, hätte er schon um 14 Uhr den Standort Reinholds und gegen 15 Uhr die Biwakstelle der Gebrüder Messner erreicht. Auch da war Hilfe noch rechtzeitig möglich. Reinhold Messner schildert aber, daß er mit seinem Bruder gegen 11 Uhr in die Diamir-Flanke abgestiegen war und zwar auf Drängen des höhenkranken Bruders.

Die Himalaya-Geschichte kennt meines Wissens kein Beispiel, daß sich ein Höhenkranker in fast 8000 Meter aus eigenen Impulsen heraus – also ohne Getränk, ohne Nahrung und vor allem ohne die künstliche Sauerstoffzufuhr – wieder soweit erholen konnte, daß er schließlich ganz fit wurde, so fit, daß er den kräftezehrenden Abstieg über eine ungesicherte 3000 m hohe Eiswand schaffte. Es ist bekannt, daß der menschliche Organismus in der »Todeszone« – also in einer Höhe von über 7700 m – durch das große Sauerstoffdefizit infolge des verminderten atmosphärischen Drucks nur noch abbaut. Hier steht der Mensch einer lebensfeindlichen Umwelt gegenüber.

Hias Rebitsch schrieb nach einem Interview mit Reinhold Messner, daß »ihm nur der eine Ausweg blieb, der Abstieg über die Diamir-Riesenflanke, in das Ungewisse, Unbekannte. Doch es war für ihn kein Gang in das völlig Unbekannte. Die Überschreitung des Nanga Parbat war schon im Gespräch gewesen. Reinhold hatte sich gedanklich eingehend damit befaßt.« – Obwohl sich Reinhold Messner im Basis-Lager auch nach dem Kinshofer-Weg erkundigt hatte, kam ihm offenbar nicht der Gedanke, den Abstieg entlang dem Westgrat zum Westsattel und von dort über den Kinshofer-Weg ins Rupal-Tal zu wählen. Felix Kuen hatte er etwas von einem Abstieg nach Westen ins Hauptlager zugerufen. Das führte unsere Suchmaßnahmen auf der Rupal-Seite in die Irre.

Reinhold Messner beschreibt die Gefährlichkeit des Abstiegs bei Hagelschlag und Nebel: »Günther ist weit über mir, im Nebel kaum noch zu erkennen. Günther steigt langsam abwärts. Jeder Schritt, jeder Griff muß sitzen. Ein Fehler würde genügen, ein einziger Fehler.«

Nach einem zweiten Biwak stiegen sie weiter ab und erreichten bei Tagesanbruch leichte Firnhänge. Reinhold Messner schreibt: »Wir hatten von oben den oberen Durchstieg (er führt zum Einstieg von 1962) beschlossen, und erst unten im großen Gletscherboden habe ich mich entschlossen, links zu gehen, weil ein großer Lawinenkegel dort einen günstigen und glatten Weg bot.« Zu dieser Zeit war Reinhold Messner seinem Bruder auf eine Distanz von etwa eineinhalb bis zwei Stunden voraus. »Günther dürfte mich nach links abbiegen gesehen haben. Da aber der rechte Weg kürzer war, hat er es vermutlich vorgezogen, rechts zu gehen. Wäre er mir nachgegangen, so hätte ich ihn sehen müssen, weil ich immer wieder zurückschaute. In den Gletscherboden konnte ich nun nicht mehr einsehen, weil ein Rücken davor war. Deshalb meine Annahme, er müsse rechts gegangen sein und schon am Grünen sein ...«

Von der Moräne am »Grünen« hat man einen weiten Überblick über das Gletscherbecken, auch auf den »Oberen Durchstieg«, den unsere Diamir-Expeditionen 1961 und 1962 gewählt hatten. Von hier bis zum Fuß der Diamir-Flanke sind es knapp zwei Stunden. Um 8 Uhr früh hatte Reinhold Messner seinen Bruder zuletzt gesehen. Am späten Vormittag müßte er die Moräne erreicht haben. Am Nachmittag entschloß er sich, zurück auf den Gletscher zu gehen, und zwar den Weg zurück, über den er gekommen war, nicht etwa jenen, »oben durch«, auf dem er seinen Bruder vermutete. Erst nach Sonnenuntergang entschloß er sich, »über den Weg zwischen den Gletschern abzusteigen. Diesen mußte Günther gegangen sein. Ich erschrak über die Trümmer einer Eislawine, stieg ein Stück die Lawine hinauf, schaute, rief immer wieder nach Günther, stieg noch ein Stück über den Gletscher ab, um zu rufen ...«

Günther Messner kam nicht wieder. Irgendwo fand er seinen einsamen Tod am Nanga Parbat. Eine eigenwillige Entscheidung, ohne hinreichende Ausrüstung einen Achttausender zu bezwingen, anhand eines ungeeigneten Bergbildes eine andere als die gesicherte Expeditionsroute zu wählen, nahe Hilfe nicht anzufordern, den Seilgefährten auf weite Distanz zurückzulassen – das hat ein grausames Opfer gefordert.

War das alles in Ordnung? Reinhold Messner scheint heute noch davon überzeugt zu sein. Denn er gibt anderen die Schuld. Das wird niemanden abhalten, seine »Odyssee« kritisch zu würdigen. Wir alle, die wir das Vorwort zu diesem Buch unterschrieben, mußten dies notgedrungen tun.

Das Ereignis ist tragisch genug. Wir haben mit Günther Messner einen guten Kameraden verloren. Sein Bruder Reinhold hat den Glanz unseres gemeinschaftlichen Erfolges verdunkelt.

Lager I, 17. Mai 1970

Aufbruch vom Basislager um 3 Uhr morgens: Peter Scholz, Werner Haim, Reinhold + ich, mit unserem persönlichen Gepäck (25-30 kg) u. 3 Trägern mit Verpflegung u. Zelten für Lager I. Wir bauen den neu ausgemachten Platz unter einer großen Felswand (gesichert von Sturm, Schnee u. Lawinen) an Stellen 2 Sheckzelte u. 1 Trägerzelt (Pionir-Zelt) auf. Auch platziere ich eine Truhe, an die die Verpflegung geordnet für die nächsten Hochlager aufnehmen soll.

Das Wetter ist wieder herrlich, wieder ist es untertags, soweit die Sonne direkt einstrahlt, sehr, sehr heiß u. unterbindet jede Arbeit. Im Zelt liegen u. ausharren, bis es wieder frisch wird, ist alles. Schlafen können wir bei dieser Hitze nicht.

Etwas später am Vormittag kommen noch einige Träger + Sahibs mit Ausrüstung u. Verpflegung

Zwei Tagebuchseiten
Günther Messners †

Lager I, 18. Mai 1970

Um 12 Uhr nachts Vorstoß zum Lager II. 1100 bei Peter Scholz, Werner Haim, Reinhold u. ich die Wielandfelsen vom Beginn des Wielandgletschers bis zum Beginn der Felsen von oben herunter mit ca. 500 m Seil versichern. Sepp, unser erfahrene Hunza Hochträger hilft uns dabei. Um 1/2 5 Uhr kehren wir ins Lager I zurück. Peter Scholz ist nicht recht gut u. kehrt um 9 Uhr zum Basislager zurück. Im Laufe des Vormittags kommen G. Herrligkoffer, der Leiter, u. Michael Anderl, der Stellvertreter, Hans Saler, Gerhard Mändl, u. 4-5 Träger mit Gepäck. Wieder herrliches, wolkenloses Wetter. Filmen, Fotografieren. Weiterer Ausbau des Lagers. Ein zweites Trägerzelt wird aufgebaut. Es haben nun 4 Sahibs u. 6 Träger im Lager I Platz zum Schlafen.

3 Träger u. 3 Sahibs (Werner Haim, Reinhold u. ich) bleiben, alle anderen kehren zurück ins Basislager.

Heute ist mein Geburtstag. Ich vollende meine 24 Jahre im Lager I der Rupalflanke des Nanga Parbat, der höchsten Steilflanke der Erde.

Heimkehr

Gilgit, 4. Juli 1970

Wolf-Dietrich Bitterling und Captain Saqi kehren vom Flugplatz zurück. Es ist keine Maschine aus Rawalpindi angesagt. Seit Wochen schon stockt der Flugverkehr nach Gilgit. Viele pakistanische Fluggäste stehen auf der Warteliste. Unsere Freunde haben alle Beredsamkeit aufgebracht, um den Flugplatz-Beamten von der Dringlichkeit des Abfluges wenigstens einer kleinen Gruppe mit dem verletzten Reinhold Messner zu überzeugen. Er verwies auf die Wetterverhältnisse um den Nanga Parbat, so daß weder die Zivil-Fluglinie PIA noch die Air Force ins Gilgit-Tal fliegt. Es ist 11 Uhr vormittags. Ich fahre sofort zum APA-Gilgit. Er verspricht mir, alles in seinen Kräften stehende zu unternehmen. Er würde uns gleich verständigen. So hoffen wir von 11 Uhr auf 14 Uhr – und von 14 Uhr auf 16 Uhr. Die Flugleitung meint, es sei nicht sicher, ob noch eine Maschine einfliegt.

Am Nachmittag sprechen wir nochmals beim APA-Gilgit vor. Der behäbige, schwarzbärtige Orientale ist voller Güte, bedauert, daß der Flug noch nicht möglich war und führt Telefongespräche mit PIA in Rawalpindi und der PAF in Peshawar. Für heute sei ein Flug nicht mehr zu erwarten, aber bei einigermaßen gutem Wetter könnten wenigstens einige von uns morgen früh, den 5. Juli, ausfliegen. Bis spätestens 8 Uhr am Morgen will er uns Bescheid geben, ob wir mit einer Militär-Maschine rechnen können. Anderenfalls hätte er fünf Plätze in der allernächsten PIA-Maschine besorgt. Es sei ihm gelungen, fünf pakistanische Offiziere zum Verzicht auf ihre fest gebuchten Plätze zu bewegen.

Die zuvorkommende Hilfsbereitschaft der pakistanischen Regierungsstellen hat mich wieder einmal tief beeindruckt; ich erlebe sie nun schon zum dritten Mal, 1953 mit Hermann Buhl, 1962 mit Kinshofer und Mannhardt, und jetzt wieder wegen der Verletzung Reinhold Messners.

Mit Reinhold hatten wir noch am Nachmittag ein merkwürdiges Erlebnis. Plötzlich tauchen vier Diamir-Leute am Zaun des Rasthauses auf. Sie wollen Reinhold sprechen. Er habe ihnen Belohnung zugesagt, weil sie ihn von Diamirai bis zur Bunar-Brücke getragen haben. Ich berichte Reinhold davon und bitte ihn, seine Helfer aus dem Diamir-Tal zu begrüßen. Unvermittelt schreit er, er wolle die Leute nicht sehen. Ich dränge ihn nicht, kann aber nicht begreifen, warum er den Einheimischen, denen er so viel zu verdanken hat, nicht eine Geste der Freundlichkeit zeigt.

Die Warterei wird uns recht kurz, denn es gibt noch reichlich zu tun. Die einen richten das Fotomaterial zur Übergabe an den Begleitoffizier her, andere stellen das Gepäck für den Heimtransport zusammen. Immer wieder schauen wir prüfend in den Himmel, ob sich nicht doch noch günstiges Flugwetter einstellt. Alice von Hobe assistiert mir bei der weiteren Behandlung Reinhold Messners. Die Therapie zeigt schon erste günstige Ergebnisse. Er macht einen erstaunlich frischen Eindruck. Schnell werde ich mit den Kameraden darüber einig, daß die uns jedenfalls zugesagten fünf Flugplätze Reinhold Messner, seinem Freund von Kienlin, Alice von Hobe, Werner Haim und mir zugewiesen werden sollen. Werner Haim ist bereit, Reinhold Messner bis Innsbruck zu begleiten und ihn dort unmittelbar in die Klinik einzuliefern. Alice von Hobe kann mir unterwegs bei der ärztlichen Betreuung Messners helfen. So sind wir für den Start am nächsten Morgen gerüstet.

Aber zunächst kommt keine Nachricht. Plötzlich heißt es, daß eine PIA-Maschine im Anflug sei. Rasch machen wir uns fertig und fahren zum Flugplatz. Aber auch hier sollen wir das Warten lernen. Endlich – am späten Mittag – schwebt die Maschine das Gilgit-Tal herein. Wie vom APA-Gilgit vorbereitet, stehen fünf Plätze zur Verfügung. Herzlich verabschieden wir uns von den zurückbleibenden Kameraden.

Am späten Nachmittag ist unsere kleine Gruppe im vertrauten Flashman-Hotel in Rawalpindi gut eingetroffen.

Jetzt geht es um den Weiterflug. Es ergibt sich ein munteres Kommen und Gehen der verschiedenen Flug-Agenten in meinem Hotelzimmer. Schließlich habe ich es geschafft. Fünf Plätze sind o. k. für den 7. Juli, und zwar von Rawalpindi nach München mit einem sofort anschließenden Sonderflug für Messner und Haim bis Innsbruck. Ich atme auf. Am späten Mittag kommt von Kienlin mit der Kunde, er habe drei Plätze für den 6. Juli ab Karachi bis München gebucht, für sich, Messner und Haim. Die Anschlußflüge Rawalpindi–Karachi und München–Innsbruck schienen jedoch nicht gesichert. Trotzdem stelle ich es den Dreien anheim, es noch am 6. Juli zu versuchen. Messner entscheidet sich schließlich für den 7. Juli: Die Flugverbindungen klappen planmäßig. Am 8. Juli mittags landen wir in München. Nach einem gemeinsamen Mittagessen bringen wir Messner im bereitgestellten Rollstuhl und Haim zur Sperre. Die kleine Sondermaschine nach Innsbruck startet, und am Nachmittag schon liegt Reinhold in einem weißen Bett in der gefäßchirurgischen Abteilung der Innsbrucker Universitätsklinik.

Für die übrigen Expeditionsmitglieder löst sich in Gilgit nur langsam das Problem des Ausfliegens. Tagelang warten sie auf die Gelegenheit. Schließlich entsendet die PAF eine Militärmaschine und holt die Kameraden von Gilgit ab. Die unseretwegen zurückgetretenen Pakistani fliegen mit. Für den umfangreichen Gepäcktransport berechnet die Air Force keine Rupie – ein neuer großer Freundschaftsdienst unseres Gastlandes.

Endlich können die Zurückgebliebenen weitere Heimflugpläne schmieden. Einige von ihnen müssen sich unserer MAN-Lastwagen annehmen. Große deutsche Firmen in Karachi hatten die Übernahme der Lastwagen zugesagt. Andere Möglichkeiten boten sich uns in Kabul. Aber was klar geregelt scheint, bereitet im Orient immer noch unerwartete Schwierigkeiten. Die Kameraden bringen die Fahrzeuge samt dem Expeditionsgepäck wohlbehalten nach Karachi und verschiffen die Lasten. Aber mit den Lkw's haben sie Pech. Telegramme zwischen Karachi und München gehen hin und her. Schließlich fahren die Kameraden zwei der Lastwagen wieder nach Rawalpindi zurück. Die Deutsche Botschaft setzt sich ein. Kurz danach kommt das Angebot der Firma Siemens-Pakistan in Rawalpindi, zwei Wagen gegen ansehnliche Barzahlung abzunehmen. Aber dann teilt die Deutsche Botschaft mit, die Bundesregierung habe die Fahrzeuge an die pakistanische Regierung verschenkt. Und wie es der Teufel will: wenige Stunden später erklärt auch die Firma Siemens-Pakistan den Kauf der Wagen als perfekt. Natürlich bleibt es bei dem Arrangement unserer Botschaft, und ich werde mich bei nächster Gelegenheit bei der Firma Siemens-Pakistan noch dafür entschuldigen, daß wir auf die 10.000 Rupien verzichten mußten.

Nachdem auch die allerletzten Formalitäten erledigt, die letzten Papiere gestempelt und die letzten Stempel getilgt waren, konnten die Kameraden ihres Weges gehen. Einige flogen in die Heimat zurück. Hans Saler ging nach Indien. Gerhard Mändl und Peter Scholz fuhren mit ihrem VW-Bus nach Nepal, um dort noch einen Sechstausender »mitzunehmen«. Das klappte allerdings wegen des Monsun-Wetters nicht so recht, und so fuhren sie weiter gegen Osten. Sie arbeiteten den Winter über in Australien. –

Der Nanga Parbat ist zum dritten Mal bezwungen. Vier Bergsteiger standen diesmal auf seinem Gipfel – ein glänzender bergsteigerischer Erfolg! – Aber das Schicksal hat das Leben eines jungen Menschen gefordert. War der Einsatz zu hoch, die kühne Tat zu ehrgeizig?

Schon bald nach unserer Rückkehr senkte sich ein immer dichter werdender Schleier über die Geschehnisse an der Rupal-Flanke. Es schien, als verfolge alle, die dabei waren, der Fluch der Götter aus Rache dafür, daß sich der Geist aus menschlichen Niederungen bis in die reinen Höhen dort drüben im fernen Kaschmir hinaufgewagt hatte. Heute aber kennen wir die Hintergründe. Die aber reichen nicht hin an das Erlebnis des Kampfes um die höchste Steilwand der Erde bis hinauf zu dem Riesen aus Fels und Eis, den die Einheimischen auch »Diamir«, den »König der Berge« nennen.

Die Tschechoslowaken am NANGA PARBAT

Am 2. April 1969 reisten Ján Horan und Miroslav Jaškovský auf einem Tatra 138, beladen mit 6 Tonnen Ausrüstung, über Ungarn, Jugoslawien, Bulgarien, Türkei, Persien, Afghanistan nach West-Pakistan. Arno Puškáš flog etwa eine Woche später nach Teheran, um sich ihnen anzuschließen. Die anderen Teilnehmer der Expedition flogen über Moskau, Taschkent nach Kabul, wo sie sich mit der Lastwagengruppe trafen. Von dort aus fuhren alle gemeinsam am 17. April nach Rawalpindi zur tschechoslowakischen Gesandtschaft. Hier gesellten sich der Verbindungsoffizier der pakistanischen Armee, Capt. Muhammad Rashid Khan und der Sohn des Botschafters Wladimir Vacata zur Expedition. Von Rawalpindi flogen alle Expeditionsteilnehmer mitsamt ihrer Ausrüstung nach Gilgit ein. Die Weiterbeförderung von dort zur Rakiotbrücke erfolgte auf zwei Geländewagen. Am 28. April begann der Lastentransport mit Kulis von der Rakiotbrücke nach Tato und so weiter zur Märchenwiese und zum Hauptlager. Das Hauptlager stand an gleicher Stelle wie die Lager der früheren Rakiot-Expeditionen, an der kleinen Moräne.

Die Expedition hatte Mangel an Trägern, weshalb sich der Transport ins Hauptlager um einige Tage verzögerte.

Ivan Gálfy berichtet: »Das Hauptlager bauten wir am 9. Mai 1969 auf. Das Lager 1 wurde in einer Höhe von 4470 m auf der großen Moräne am 10. Mai errichtet. Unsere Arbeit wurde durch die unbeständige Witterung und durch häufiges Schneetreiben immer wieder unterbrochen. Am 25. Mai wurde Lager 2 am Lagersporn in 5300 m Höhe aufgestellt. Der Weg zu diesem Lager führte über den schwierigen Rakiot-Eisfall, wo fast pausenlos Eistürme zusammenbrechen und den Weg gefährlich unsicher machen. Das 3. Hochlager wurde in 6120 m Höhe auf dem Firn-Plateau des Rakiot-Gletschers am 30. Mai errichtet. Dieses Lager sollte wie bei früheren Expeditionen zu einem Stützpunkt (Akklimatisationslager) ausgebaut werden, um die Arbeit für den Aufbau der Lager 4 und 5 von hier aus unterstützen zu können.

Das 4. Hochlager in 6690 m Höhe wurde am 16. Juni unmittelbar unter der nördlichen Rakiot-Eiswand errichtet. Am 18. Juni begannen wir mit der Seilversicherung in der Rakiot-Flanke und befestigten dort 350 m Reepschnur. Auf diese Weise wurde, wie bei den früheren Expeditionen ebenfalls, der Auf- und Abstieg zwischen

Lager 4 und 5 wesentlich erleichtert. Es war geplant, das 5. Hochlager nach der Westquerung des Rakiot-Peak am Ostgrat zu erstellen. In den Vormittagsstunden des 18. Juni begann es jedoch zu schneien, und ohne Unterbrechung hielt das schlechte Wetter eine Woche lang an.«

Am 28. Juni erfolgte der letzte Vorstoß gegen den Ostgrat – aber erfolglos. So entschloß man sich am 1. Juli zum Rückzug. Am 3. Juli wurde das Akklimatisationslager 3 geräumt, und bereits am 6. Juli trat die Expedition den Rückflug nach Rawalpindi an. Die Fahrt in die Heimat wurde nun gemeinsam im Lastauto zurückgelegt, und am 7. August erreichten alle Teilnehmer gesund wieder die Hohe Tatra in der Slowakei.

Die Expedition wurde geleitet von Ivan Gálfy. Die einzelnen Teilnehmer waren: Jozef Koršala, František Dostál, Juraj Weincziller, František Mrázik, Ján Horan, MUDr. Juraj Janovský, Vladimir Vacata, Ivan Urbanovič, Miroslav Jaskovský, Arno Puškáš, Ing. Zdeno Vaško, Milan Kriššak, Miloslav Filip.

Der 2. Versuch 1971

Teilnehmer: Ivan Gálfy, František Dostál, Ivan Dieska, Miloslav Filip, Ivan Fiala, Gejza Haak, Miroslav Jaskovský, Bohumir Kišmak, Jozef Koršala, Milan Kriššak, Martin Mladon, Michael Orolin, Jozef Psotká, Arno Puškáš, Ludovit Zahornaský, Ivan Urbanovič.

Am 11. Juli ist es den zwei tschechoslowakischen Bergsteigern Ivan Fiala und Michael Orolin gelungen, bei sehr gutem Wetter den Gipfel des Nanga Parbat zu erreichen. Alle Mitglieder dieser zweiten tschechoslowakischen Himalaya-Expedition sind wohlauf. Die Expedition operierte wie jene von 1969 ebenfalls an der Nordseite des Berges. Ihre Aufstiegsroute – die klassische am Nanga Parbat – hielt sich an die Pionierarbeit der früheren fünf Rakiot-Expeditionen; die Hochlager wurden an den von uns 1953 bestimmten Stellen errichtet.

Auf dem Gipfel des Nanga Parbat standen bisher 10 Bergsteiger – Tiroler, Bayern, Tschechoslowaken. –

Skizze nach Felix KUEN (28.6.1970)

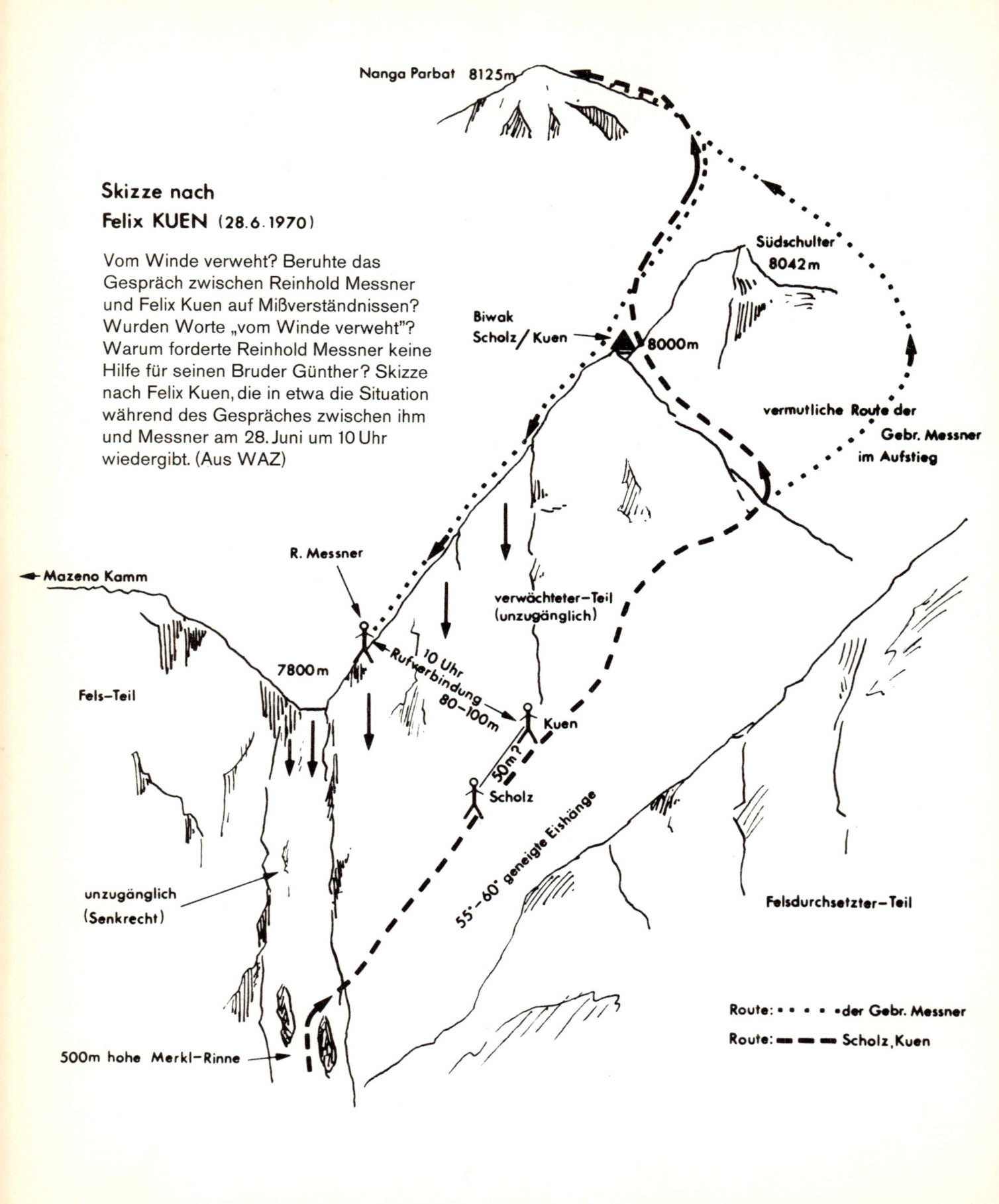

Vom Winde verweht? Beruhte das Gespräch zwischen Reinhold Messner und Felix Kuen auf Mißverständnissen? Wurden Worte „vom Winde verweht"? Warum forderte Reinhold Messner keine Hilfe für seinen Bruder Günther? Skizze nach Felix Kuen, die in etwa die Situation während des Gespräches zwischen ihm und Messner am 28. Juni um 10 Uhr wiedergibt. (Aus WAZ)

Nanga Parbat 8125m

Südschulter 8042m

Biwak Scholz/Kuen 8000m

vermutliche Route der Gebr. Messner im Aufstieg

Mazeno Kamm

R. Messner

7800 m

Fels-Teil

10 Uhr Rufverbindung 80-100 m

Kuen

50 m ?

Scholz

verwächteter-Teil (unzugänglich)

55°-60° geneigte Eishänge

unzugänglich (Senkrecht)

Felsdurchsetzter-Teil

500m hohe Merkl-Rinne

Route: ••••• der Gebr. Messner
Route: ━ ━ ━ Scholz, Kuen

Der Nanga Parbat ist der mächtigste Eckpfeiler des Himalaya-Gebirges. Seine steil abfallende Diamir-Flanke umschließt hufeisenförmig ein gewaltiges Gletscherbecken und bildet so nach Westen hin den Abschluß der 2400 km langen Gebirgskette.

Im Norden des Berges grub sich im Laufe der Jahrtausende der Indus sein Bett in den Granitfels; die braunen gletscherkalten Wasser wälzen sich ungestüm den heißen Niederungen entgegen und verwandeln dort, soweit von Menschenhand geleitet, Wüstenland in fruchtbarste Gärten. Am Fuße des Nanga Parbat jedoch liegt das Flußbett 1100 m hoch und wird von den eisgepanzerten Graten und Zinnen des Bergriesen um 7000 m überragt. Nirgends ist der Erdkörper tiefer aufgerissen als hier, und vor dem Beschauer türmt sich die gewaltigste Bergkulisse der Welt auf. Das subtropische Klima hat das Industal in eine Stein- und Felswüste verwandelt. Auf 3000 m Höhe aber zieht ein grünes Band aus Wiesen und Hochweiden das ganze Tal entlang. Ein dunkelgrüner Gürtel aus hochstämmigen Tannen folgt oberhalb davon, dann schließen sich wieder grüne Matten an, die bis ans ewige Eis der Gletscher reichen. Da und dort sind in dieser Vegetationszone weißstämmige Birken zu finden; sie bilden die Baumgrenze. Noch höher stehen vereinzelt Krüppelweiden, und hin und wieder sind die Grünflächen von Heidelbeer-, Preiselbeer- oder Rhabarbernestern durchsetzt. Das vielbegehrte Edelweiß aber wächst weit tiefer und gab der »Märchenwiese«, einer Hochweide in 3300 m Höhe, ihren Namen.

Steil bricht der Südabsturz des Nanga Parbat ins Rupal-Tal ab. Diese 4500 m hohe Felswand, an der gewaltige Hängegletscher kleben, ist die höchste Wandflucht der Erde. Zusammen mit dem Bazhinkessel, der sich ostwärts anschließt, bietet sie wohl den erhabensten Anblick des ganzen Nanga Parbat-Massivs.

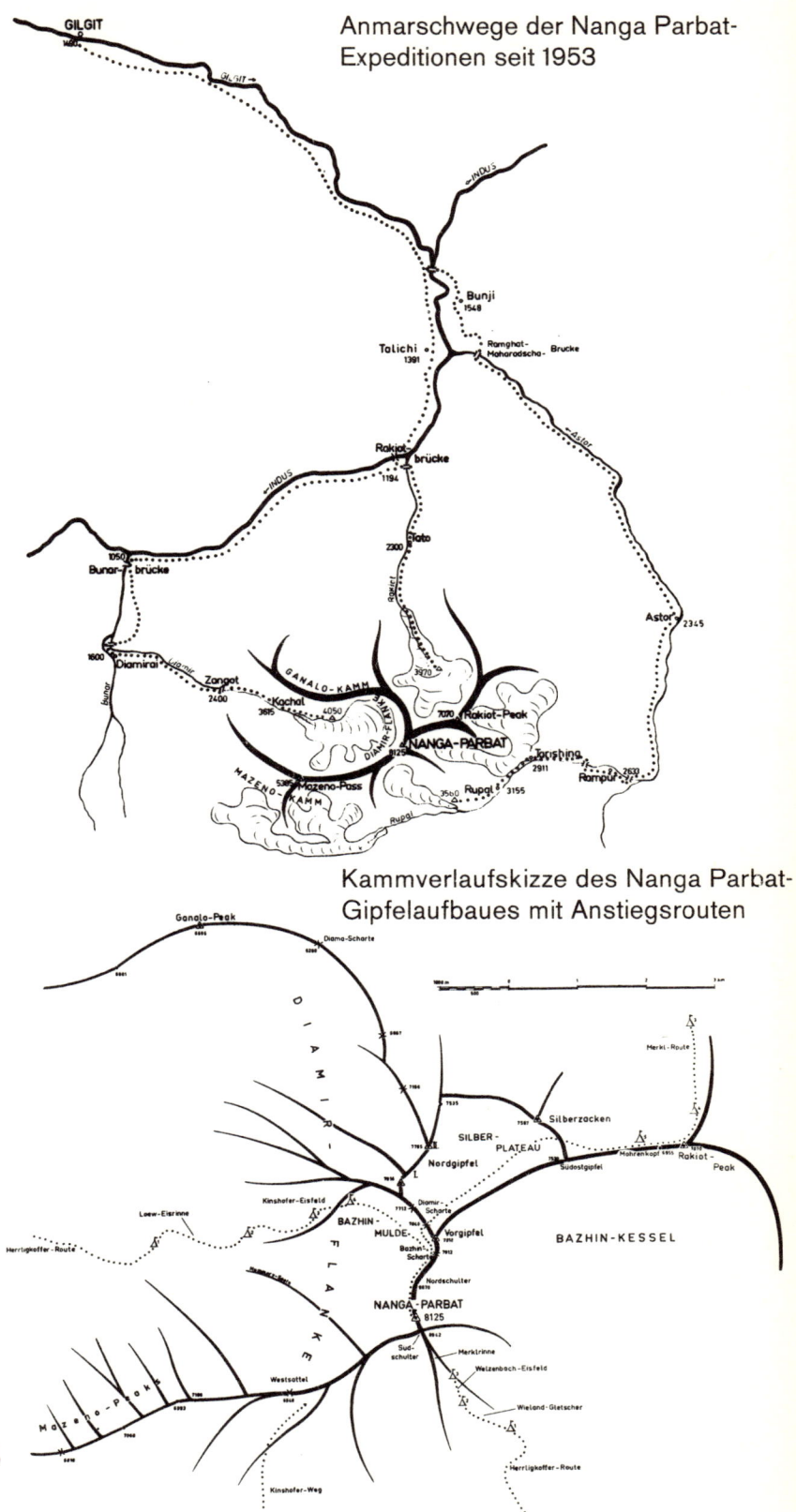

Anmarschwege der Nanga Parbat-Expeditionen seit 1953

Kammverlaufskizze des Nanga Parbat-Gipfelaufbaues mit Anstiegsrouten

Die Nanga-Parbat-Expeditionen von 1895 bis 1971

Lfd. Nr.	Expeditionen in chronologischer Reihenfolge	Anmarschweg Aufstiegsroute	Expeditionsleiter	Expeditionsteilnehmer	Ergebnisse	Bemerkungen
1	Englische Kundfahrt 1895	Diamir-Tal – Mummeryrippe der Diamir-Flanke	A. F. Mummery	J. N. Collie, G. Hastings, C. G. Bruce	An der Diamir-Flanke wurde von Mummery und einem Gurkha die Höhe von etwa 6100 m erreicht.	Mummery und seine beiden Gurkhaträger auf dem Diama-Gletscher verschollen (Lawine?).
2	Deutsch-Amerikanische Himalaya-Expedition 1932	Rakiot-Tal – Rakiot-Gletscher – Rakiot Peak – Ostgrat	W. Merkl	P. Aschenbrenner, F. Bechtold, Dr. H. Hamberger, R. Herron, H. Kunigk, F. Simon, F. Wießner, E. Knowlton (Journalistin)	Am 14. Juli 1932 gelingt die erste Ersteigung des Südlichen Chongra Peak (6448 m), am 16. Juli jene des 7070 m hohen Rakiot Peak. – Am 30. Juli 1932 wurde der Ostgrat erstmals erreicht.	Die Expedition scheiterte am Versagen der Hochträger und der mangelnden Himalaya-Erfahrung sämtlicher Teilnehmer.
3	Deutsche Himalaya-Expedition 1934	Rakiot-Tal – Rakiot-Gletscher – Rakiot Peak – Ostgrat	W. Merkl	Bergsteigergruppe: P. Aschenbrenner, F. Bechtold, P. Müllritter, A. Drexel, Dr. W. Bernard, E. Schneider, W. Welzenbach, U. Wieland, H. Hieronimus Wissenschaftlergruppe: Dr. R. Finsterwalder, Dr. W. Raechl, Dr. P. Misch	Am 6. Juli 1934 wurde von Aschenbrenner und Schneider der höchste Punkt (7850 m) am Silberplateau erreicht. – Im Lager 8 (7600 m) auf dem Silberplateau waren außerdem Merkl, Welzenbach, Wieland und 11 Sherpas. Eine ziemlich genaue Nanga Parbat-Karte wurde geschaffen.	Nach einem orkanartigen Sturm auf dem Silberplateau mußte die Gipfelvorstoß aufgegeben werden. Der Abstieg begann am Morgen des 8. Juli 1934 und damit die bis dahin schrecklichste Tragödie in der Himalaya-Geschichte. Wieland, Welzenbach, Merkl sowie 9 Sherpaträger kamen dabei um. – A. Drexel war bereits am 7. Juni 1934 einer Lungenentzündung erlegen.
4	Deutsche Nanga-Parbat-Expedition 1937	Rakiot-Tal – Rakiot-Gletscher	Dr. K. Wien	P. Fankhauser, A. Göttner, Dr. H. Hartmann, Dr. G. Hepp, P. Müllritter, M. Pfeffer Wissenschaftler: Dr. U. Luft, Dr. C. Troll	In der Nacht vom 14. zum 15. Juni 1937 wurde die gesamte Bergsteigermannschaft zusammen mit 6 Sherpaträgern im Hochlager 4 durch eine Eislawine vernichtet.	G. O. Dyhrenfurth: Der Fehler war damals, dieses sicherste Lager (4) am Nanga Parbat an einer falschen Stelle aufgeschlagen zu haben.
5	Deutsche Himalaya-Expedition 1938	Rakiot-Tal – Rakiot-Gletscher – Rakiot Peak – Ostgrat	P. Bauer	F. Bechtold, Dr. B. Balke, A. Ebermann, R. v. Klingensperg, Dr. U. Luft, H. Rebitsch, H. Ruths, L. Schmaderer, St. Zuck	Am 24. Juli 1938 wurde von Rebitsch und Ruths am Ostgrat eine Höhe von rund 7300 m erreicht.	Die Mannschaft der Ju 52, die die Expedition von Srinagar aus mit frischen Lebensmitteln versorgte, setzte sich zusammen aus L. Thoenes, R. Mense, O. Spengler.
6	Deutsche Nanga-Parbat-Kundfahrt 1939	Diamir-Tal – Mittelrippe der Diamir-Flanke	P. Aufschnaiter	L. Chicken, H. Harrer, H. Lobenhoffer	Harrer und Lobenhoffer erreichten am 19. Juli 1939 eine Höhe von 6000 m. – Am 23. Juli 1939 gelang Aufschnaiter und Chicken die erste Ersteigung des 6606 m hohen Ganalo-Westgipfels.	
7	Englischer Versuch 1950	Rakiot-Tal – Rakiot-Gletscher	J. W. Thornley	W. H. Crasse, R. H. Marsh	Lagersporn (5300 m) wurde bei winterlichen Verhältnissen erreicht.	Etwa am 1. Dezember 1950 wurden Thornley und Crasse in Lager 2 eingeschneit und kamen dort um.
8	Deutsch-Österreichische Willy-Merkl-Gedächtnis-Expedition 1953	Rakiot-Tal – Rakiot-Gletscher – Rakiot Peak – Ostgrat – Silberplateau	Dr. K. M. Herrligkoffer	P. Aschenbrenner, F. Aumann, A. Bitterling, H. Buhl, H. Ertl, Dr. W. Frauenberger, O. Kempter, H. Köllensperger, K. Rainer	Am 3. Juli 1953 wurde von Hermann Buhl im Alleingang der Gipfel des Nanga Parbat erstmals erreicht.	Buhl war 1957 Teilnehmer der erfolgreichen Broad-Peak (8047 m)-Expedition und stürzte anschließend an der Chagolisa tödlich ab.
9	Deutsche Diamir-Expedition 1961	Diamir-Tal – Südpfeiler – Kinshofer-Eisfeld	Dr. K. M. Herrligkoffer	M. Anderl, Dr. L. Delp, T. Kinshofer, J. Lehne, S. Löw, R. Marek, T. Messner, H. Rost, Wissenschaftler: G. Wagner	Am 22. Juni 1961 wurde am oberen Ende des Kinshofer-Eisfeldes die Höhe von 7150 m erreicht, die Diamir-Flanke also erstmals in ihrer ganzen Höhe durchstiegen.	Monsun vereitelte einen Vorstoß zum Gipfel. Geograph G. Wagner schuf die erste Karte vom oberen Diamir-Diama-Gletschergebiet.

#	Expedition	Route	Leitung	Teilnehmer	Verlauf	Bemerkungen
10	Deutsche Diamir-Expedition 1962	Diamir-Tal – Südpfeiler – Kinshofer-Eisfeld – Bazhin-Mulde	Dr. K. M. Herrligkoffer	M. Anderl, T. Kinshofer, S. Löw, A. Mannhardt, R. Marek, H. Schmidbauer, M. Sturm, S. Ulbrich (Med.-techn. Assistentin).	Am 23. Juni 1962 wurde von der Dreierseilschaft Kinshofer-Löw-Mannhardt der Gipfel des Nanga Parbat erreicht. Es war dies die zweite Gipfelersteigung und die erste Besteigung des Nanga Parbat über seine Diamir-Flanke.	Beim Abstieg stürzte Sigi Löw kurz vor Erreichen der Bazhin-Mulde tödlich ab. Die beiden überlebenden Gipfelbezwinger zogen sich schwerste Erfrierungen zu. – Toni Kinshofer stürzte am 24. Oktober 1964 am Pattert bei Baden-Baden tödlich ab.
11	Rupal-Kundfahrt 1963	Rupal-Tal – Kinshofer-Weg an der Rupal-Flanke	Dr. K. M. Herrligkoffer	G. Haller, T. Kinshofer, K. Scheck	Erkundung des Südabsturzes des Nanga Parbat (Rupal-Flanke). Zwei Aufstiegsmöglichkeiten wurden entdeckt: 1. »Toni-Kinshofer-Weg« über den Südwestgrat und 2. eine »Direttissima« (Herrligkoffer-Route) über den Südsüdost-Sporn. – Der Rupal Peak (5595 m) wurde von Kinshofer und Haller erstmals bestiegen.	Die Rupal-Flanke galt bis zu diesem Zeitpunkt als unbesteigbar.
12	Deutsche Rupal-Winter-Expedition 1964	Rupal-Tal – Südsüdost-Rippe (Herrligkoffer-Route)	Dr. K. M. Herrligkoffer	R. Hang, E. Hofmann, G. Lapp, P. Müller, R. Obster, G. Plangger, K. Reinhold, W. Schloz	Ende März 1964 wird von Hang und Obster die Eiswand über dem Wieland-Gletscher überwunden und damit der höchste Punkt (5800 m) der Expedition erreicht.	Die Expedition wurde während des Angriffs durch Falschmeldungen des Begleitoffiziers (die Expedition befände sich auf falscher Aufstiegsroute) zum Rückmarsch gezwungen.
13	Toni Kinshofer-Gedächtnis-Expedition 1968	Rupal-Tal – Südsüdost-Rippe (Herrligkoffer-Route)	Dr. K. M. Herrligkoffer	W. Dirmhirn, K. Golikow, S. Hupfauer, R. Rosenzopf, G. Schmaidt, P. Scholz, G. Strobel, W. Theurer, R. Vötteler Wissenschaftler: W. Schloz. Med.-wissensch. Hilfskraft: B. Kaltenbach Bildreporter: K. Preyer	Am 9. Juli erreichen P. Scholz und W. Schloz die halbe Höhe des Merkl-Eisfeldes (7100 m) und kehren nach einem Frei-Biwak ins Lager 4 zurück.	Am 10. Juli früh 9 Uhr zieht sich G. Strobel beim Überspringen der Randkluft der Wieland-Eiswand einen komplizierten Unterschenkelbruch zu. Der Abtransport ist schwierig und fordert alle Mann zu Hilfe – dies aber bedeutet das Ende der Expedition.
14	Sigi Löw-Gedächtnis-Expedition 1970	Rupal-Tal – Südsüdost-Rippe (Herrligkoffer-Route)	Dr. K. M. Herrligkoffer	M. Anderl, G. Baur, W. Bitterling, W. Haim, G. Kroh, H. Kühn, F. Kuen, G. Mändl, G. Messner, R. Messner, E. Raab, H. Saler, P. Scholz, P. Vogler, J. Winkler, Med.-wissensch. Hilfskraft: Apothekerin A. v. Hobe Expeditions-Gast: M. v. Kienlin	Der Gipfel wurde von 4 Mitgliedern der Expedition erreicht – am 27. Juni 18 Uhr von den Gebrüdern Messner, am 28. Juni 16 Uhr von Felix Kuen, um 17 Uhr 30 von Peter Scholz.	Die Gebrüder Messner steigen die Diamir-Flanke ab, dabei erlitt G. Messner den Bergtod.
15	Tschechische Tatra-Himalaya-Expedition 1969	Rakiot-Tal – Rakiot-Gletscher	Ivan Gálfy	Jozef Koršala, František Dostál, Juraj Weinziller, František Mrázik, Ján Horan, MUDr. Juraj Janovský, Vladimír Vacata, Ivan Urbanovič, Miroslav Jaskovský, Arno Puškáš, Ing. Zdeno Vaško, Milan Krišsák, Miloslav Filip	Die Expedition wird bereits am Rakiot-Peak zurückgeschlagen.	Der gesamten Mannschaft mangelt es an Himalaya-Erfahrung.
16	Tschechische Nanga Parbat-Expedition 1971	Rakiot-Tal – Rakiot-Gletscher	Ivan Gálfy	František Dostál, Ivan Dieska, Miloslav Filip, Ivan Fiala, GejzaHaak,MiroslavJaskovský, Bohumir Kišmak, Jozef Koršala, Milan Krišsák, Martin Mladon, Michael Orolin, Jozef Psotká, Arno Puškáš, Ludovít Zahornaský, Ivan Urbanovič	Am 11. Juli erreichen Ivan Fiala und Micha Orolin bei bestem Wetter den Gipfel.	Keine

Das Wetter im Gilgit-Distrikt

Auf Grund einer zehnjährigen Beobachtung ergeben sich für den Gilgit-Distrikt – also jene Gegend zwischen Nanga Parbat und Rakaposhi im Hunzastaat – folgende Durchschnittswerte:

Gilgit liegt 1500 m über dem Meer – Breite 35° 55′ N, Länge 74° 23′ E. – hat im Gegensatz zu Rawalpindi, angenehme Temperaturen. In den Sommermonaten Juni, Juli und August liegen die Lufttemperaturen um 27°, wobei die Spitze um 40° und die tiefste Temperatur bei 7° liegen kann. Im Mai und September beträgt die durchschnittliche Lufttemperatur 22° – im April und Oktober 17° – im März und November 11,5° – im Februar 7° – im Januar und Dezember 4,5°.

Die tiefsten Temperaturen im Dezember, Januar und Februar liegen bei -6° – die höchsten in diesen Monaten bei 18°.

Die Niederschlagsmenge ist am größten zwischen März und Mai (mittlere monatliche Niederschlagsmenge 20 mm). In den Monaten Juni, Juli und September geht sie auf die halben Werte zurück (10 mm), steigt aber im August nochmals auf 13 mm an. Im Januar und Februar ist die durchschnittliche Niederschlagsmenge um ein weiteres Fünftel geringer (8 mm). Das Mittel erreicht seinen geringsten Wert im Oktober (5 mm), Dezember (3 mm) und November (1 mm).

Nachwort

Man könnte glauben, daß mit der Durchsteigung der Rupal-Flanke auf der Route von 1970 das letzte bergsteigerische Problem am Nanga Parbat gelöst sei. Die Südseite des Berges bietet aber noch weitere Möglichkeiten für ernsthafte und reizvolle Unternehmungen. Da ist zum Beispiel der Toni-Kinshofer-Weg. Er führt über den Südwestgrat zur Westsattelmulde. Von dort aus, als dem Platz des 3. Hochlagers, würde – unter Zwischenschaltung eines 4. Hochlagers – der Gipfel des Nanga Parbat über die oberste Zone einiger auf der Diamir-Seite gelegener Eisfelder und schließlich die Südschulter zu erreichen sein. Auch ließe sich vom 3. Hochlager der Westsattel leicht ersteigen und von dort aus könnte man die Siebentausender des Mazeno-Kammes einsammeln. Ein Versuch führte im Juni 1964 die Bayerische Karakorum-Expedition (Heinz Reiter) bis auf den Südwestgrat. –

Eine andere Möglichkeit an der Rupal-Flanke sehe ich in einem direkten Aufstieg über den Südost-Pfeiler. Für diese äußerst schwierige Route muß aber noch eine technische Weiterentwicklung abgewartet werden, die Ausrüstung muß noch leichter, die Verpflegung konzentrierter sein. Außerdem muß die Gipfelmannschaft durch eine planmäßig arbeitende Nachschubgruppe unterstützt werden. Und zwischen den einzelnen Hochlagern sollten Seilaufzüge den Lastentransport ermöglichen. Für das Hauptlager muß ein geeigneter Schlupfwinkel unterhalb der westlichen Moräne des Bazhin-Gletschers ausfindig gemacht werden, da in den Bazhin-Kessel von mehreren Seiten her Eislawinen herabstürzen können, die alle den gleichen Weg nach Süden nehmen. Da der Südost-Pfeiler nur wenig gestuft ist und sich nur einige kleine Eisfelder erkennen lassen, die sich zum Aufstellen von Zelten eignen, werden alle Lager dem Höhensturm stark ausgesetzt sein. Der einzige große Vorteil dieser Route ist ihre Sicherheit vor Lawinen.

Reizvoll wäre auch die Einbeziehung des Rakiot-Peak für eine Nanga Parbat-Expedition; Ausgangslager im Dorf Rupal oder an der östlichen Moräne des Bazhin-Gletschers. Der Aufstieg führt zunächst bis zu einem kleinen Eisfeld in 4500 m Höhe und dann weiter zum Punkt 5229 m; von dort aus gegen den Rakiot-Peak zu Punkt 6063 m. Der Rakiot-Peak (7070 m) selbst ist dann über seine Ostflanke unschwer zu erreichen. Der weitere Aufstieg führt schließlich über Ostgrat und Silberplateau zur Nordschulter und weiter zum Gipfel empor.

Nimmt man als Ausgangslager die östliche Moräne des Bazhin-Gletschers, muß man zunächst über die Gletscherzunge ansteigen und dann über ein steiles Eisfeld den Punkt 6063 m zu erreichen suchen. Diese Route müßte im oberen Teil der Eiswand bis kurz vor Punkt 6063 m durch Seilgeländer für die Hochträger gesichert werden. –

An der Diamir-Seite wäre ein lohnendes Ziel eine Erstbesteigung der beiden 7816 m und 7785 m hohen Nordgipfel und des 7910 m hohen Vorgipfels – die bisher immer im Schatten der Besteigung des Hauptgipfels standen und daher nicht die entsprechende Beachtung fanden.

Inhaltsverzeichnis

Geleitwort
Vorwort
Einleitung   8
In Memoriam Toni Kinshofer, Sigi Löw, Jörg Lehne   10

I   Die Rakiot-Seite des Nanga Parbat   11

     Der erste deutsche Versuch   11
     Willi Merkl wagt es ein zweites Mal   13
     Weitere Versuche am Berg   14

II   Intermezzo   16

     Der Sieg   16

III   Die Diamir-Flanke des Nanga Parbat   25

     Erste große Diamir-Expedition   25
     1962 – Erfolg und Tragik an der Diamir-Flanke   26
     Deutsche Rupal-Kundfahrt 1963   30

IV   Kampf um die Rupal-Flanke   32

     Winter-Expedition zur Rupal-Flanke   33
     Die große Chance 1968   38
     Erfolg an der Rupal-Flanke   55

         Eine starke Mannschaft   55
         8 Tonnen Gepäck   56
         Ausrüstungstabelle   57
         Die Ausreise   59
         Mit Lastkraftwagen von München zum Himalaya   59
         Hoteltage in Rawalpindi   62
         Wieder in Gilgit   63
         Der Kampf um die Flanke beginnt   65
         An der Wieland-Eiswand   78
         Der Tatendrang erstickt im Neuschnee   79
         Warten auf besseres Wetter   81
         Ausflug ins Hochlager 2   82
         Erneuter Vorstoß in die Hochlager   86
         Im Einsatz für die Spitzengruppe   88

    Um den Gipfelsturm   89
    Kampf und Sieg   103
    Zwei Kameraden fehlen   106
    Wiedersehen mit einem Vermißten   110
    Rückblicke auf ein Drama   113
    Odyssee am Nanga Parbat   113
    War alles in Ordnung?   117
    2 Tagebuchseiten Günther Messners †   131
    Heimkehr   132

Die Tschechoslowaken am Nanga Parbat   134
Der 2. Versuch 1971   135

    Skizze nach Felix Kuen   136
    Skizze der Anmarschwege der Nanga Parbat-
    Expeditionen seit 1953   137
    Kammverlaufskizze des Nanga Parbat-
    Gipfelaufbaues mit Anstiegsrouten   137
    Expeditionstabelle   138

Das Wetter im Gilgit-Distrikt   140
Nachwort   141

Patro-Gletscher

Ganalo Peak
Diama-Scharte

GANALO-KAMM

Diama-Gletscher

Herrligkoffer 1961 u. 1962

Diamir-Gletscher

Löw-Eisrinne
Kinshofer-Eisfeld

Mummery 1895

L1 L2 L3 L4

S. Löw
+ 23.6.62
Vorgipfel
Bazhin-Scharte
BAZHIN-MULDE

ca 6750
Messner 1970
Nanga Parbat

Mazeno Peaks

Mazeno Gali

Mazeno-Gletscher

Maßstab 1 : 50 000